AF371264

RICHARD WAGNER

CATULLE MENDÈS

RICHARD WAGNER

PARIS

G. CHARPENTIER ET Cᵢₑ, ÉDITEURS

13, RUE DE GRENELLE, 13

1886

Tous droits réservés.

AVANT-PROPOS

J'écrivais en 1880 :

« Oui, cela est vrai, et je l'ai dit un des premiers, Richard Wagner a écrit contre la France, contre Paris assiégé et vaincu, une pantalonnade abjecte et stupide. Aucun Allemand, si ce n'est Henri Heine, qui était un Parisien, n'a jamais eu ce que nous appelons de l'esprit ; et lui, Richard Wagner, l'énorme Germain, chez qui la lourdeur fait partie de la grandeur, il s'est avisé de vouloir faire le plaisantin, et dans quel moment, juste

ciel! Nous nous tordions d'angoisse, il sautelait sur nous, cet éléphant, en se donnant des airs d'écureuil; et quand, dans la ville affamée, les hommes étaient rouges de sang et noirs de poudre, il se moquait du fard rose et de la poudre de riz de nos femmes! Je vous le dis, c'est hideux. Oh! je n'ignore pas ce qu'on peut répondre. Notre pays a été injuste pour Richard Wagner *et cruel pour son œuvre. Sans parler de l'inqualifiable soirée de* Tannhœuser, *il faut songer aux premières années de la jeunesse de Richard Wagner, passées à Paris dans la misère et dans l'abandon. Mourant de faim, l'auteur de Tristan et Iseult a réduit pour deux cornets à piston la partition de la* Favorite. *Chef des chœurs au théâtre des Variétés, il mit des notes sous ces pa-*

roles : « Dansons, dansons le joyeux rigodon ! » et, la chose faite, on le chassa du théâtre, sous prétexte qu'il ne savait pas la musique. Un jour, il offrit au Grand-Opéra de Paris son poème : le Vaisseau-Fantôme. On le trouva passable et on l'acheta cinq cents francs, mais à la condition expresse qu'il n'en écrirait pas la musique ! et un an plus tard, le Vaisseau-Fantôme, signé par un auteur dramatique que je ne nomme pas, parce qu'il est mort, et mis en musique par un compositeur qu'il est inutile de nommer, parce qu'il n'a jamais vécu, était représenté à l'Académie royale de musique ! Richard Wagner assistait à cette représentation ; pour payer sa place, il avait vendu son chien à un voyageur anglais rencontré dans une gare de chemin de *fer ! Mais qu'importent les injustices, les misères, les mépris ? Est-ce qu'un artiste de la valeur de Richard Wagner n'aurait pas dû se maintenir au-dessus des niaises rancunes, pardonnables à peine aux esprits ordinaires ? Hélas ! il s'est rendu coupable de cette triste chose : l'outrage aux vaincus. Et il a fait pis encore. De toutes nos gloires, il en est une, grâce à Dieu, qui demeure inattaquée ; oui, inattaquée, car certaines injures sont comme si elles n'existaient pas, et le vent en a emporté bien d'autres. Hé bien ! cette gloire sans tache, Richard Wagner a tenté de la souiller. Lui, poète et musicien, il a essayé de bafouer Victor Hugo, le plus grand des poètes. Cela, je le sais, je l'ai écrit, je l'ai dit, je l'ai crié ! Mais, enfin, est-ce qu'une brochure*

*de vingt pages annule douze partitions ?
Est-ce que la Capitulation de Paris sup-
prime Tristan et Iseult ? Un jour, je m'en
souviens, je dînais à Pesth, chez un ban-
quier hongrois. Il était juif, et haïssait
Wagner, à cause d'un livre sur les juifs ;
mais il était musicien, et il admirait Richard Wagner à cause des Maîtres Chanteurs : il me montra dans son cabinet un
buste du maître allemand, auquel il
avait mis une corde au cou et une couronne de lauriers d'or sur la tête. Il faut
penser comme ce juif hongrois ; il faut
détester et admirer l'auteur de Lohengrin.
J'ai été son ami, je ne le suis plus, mais
je demeure son apôtre fervent ; je me
borne à ne pas lui tendre les mains qui
l'applaudissent .... »*

Et telle fut, en effet, notre attitude, après l'outrage, — celle de mes amis et la mienne, — tant que Richard Wagner a vécu. A Bayreuth, il y a trois ans, nous avons considéré de loin, dans son apothéose, le créateur de Parsifal, et nous avons passé devant sa maison, autrefois familière, sans frapper à la porte.

Mais Richard Wagner mourut ; et j'écrivais en 1883 :

« Maintenant la mort est venue. Elle met déjà son ombre sur les tristesses et les haines. C'est d'oubli autant que de toile que sont faits les linceuls. Grâce à la tombe refermée, nous avons le droit et même le devoir de choisir entre nos souvenirs. Oui, je le crois, nous pourrons ne pas nous rappeler que l'incomparable

poète-musicien fut le misérable insulteur de nos défaites et de nos gloires. Pour moi, je ne sais plus qu'il m'a fallu, hélas! le mépriser et le haïr. Je le revois tel que je l'ai connu jadis, avant les années terribles, au jour des enthousiasmes sans restriction; je me reprends à l'aimer comme je l'aimais alors, et je salue en pleurant son glorieux front mort. »

SOUVENIRS PERSONNELS

I

A TRIEBCHEN

A TRIEBCHEN

Il ne sera pas sans intérêt de donner
quelques détails sur la personnalité très
curieuse et assez peu connue de l'homme
de génie qui n'est plus. C'est à Lucerne surtout qu'il me fut donné de le fréquenter intimement. A Paris déjà, — à propos de la
Revue fantaisiste, — j'avais eu occasion
de le voir chez lui, rue d'Aumale, si j'ai
bonne mémoire. Mais ç'avait été peu de
temps avant la première représentation de
Tannhæuser à l'Opéra ; impatienté par
mille tracasseries, par des « misérabili-

tés », comme il disait, il en était arrivé
au dernier degré de l'exaspération ner-
veuse. Un chat en colère, hérissé, toutes
griffes dehors. Le moment était mal choisi
pour lier connaissance avec lui, et d'ailleurs mon extrême jeunesse eût été un
obstacle à une familiarité un peu intime.
Mais, quelques années plus tard, Richard
Wagner moins irrité, sinon calme, — car il
ne fut jamais calme! — habitait près de
Lucerne, à Triebchen, avec celle qui allait devenir sa femme, dans une solitude paisible,
favorable aux épanchements. Quand le
train s'arrêta devant la gare, le cœur me
battait bien fort, et je pense pouvoir dire
que Villiers de l'Isle-Adam, mon compagnon de voyage, n'était guère moins ému.
Cependant, nous n'étions pas des inconnus
pour Wagner; et comme il n'ignorait pas

que nous combattions avec ardeur pour le triomphe de ses idées et de son œuvre, nous avions l'espérance d'une réception cordiale et bientôt de quelque sympathie.

A peine descendus de wagon, nous vîmes un grand chapeau de paille, et, dessous, une face pâle dont les yeux regardaient à droite, à gauche, très vite, avec un air de chercher.

C'était lui. Intimidés, nous le considérions sans oser faire un pas.

Il était petit, maigre, étroitement enveloppé d'une redingote de drap marron, et tout ce corps grêle, quoique très robuste peut-être, — l'air d'un paquet de ressorts, — avait dans l'agacement de l'attente, le tremblement presque convulsif d'une femme qui a ses nerfs. Mais le visage gardait une magnifique expression de hauteur et de sérénité. Tandis que la bouche aux lèvres très minces, pâles, à peine visibles, se tordait dans le pli d'un sourire amer, le beau front, sous le chapeau rejeté en arrière, le beau front vaste et pur, uni, entre des cheveux très doux, déjà grisonnants, qui fuyaient, montrait la paix inaltérable de je ne sais quelle immense pensée, et il y avait dans la transparence ingénue des yeux, des yeux pareils à ceux d'un enfant ou d'une vierge, toute la belle candeur d'un rêve inviolé.

Dès qu'il nous vit, Richard Wagner frémit des pieds à la tête avec la soudaineté d'une chanterelle secouée par un pizzicato, jeta son chapeau en l'air avec des cris de folle bienvenue, faillit danser de joie, se jeta sur nous, nous sauta au cou, nous prit par le bras et, remués, bousculés, emportés dans un tourbillon de gestes et de paroles, nous étions déjà dans la voiture qui devait nous conduire à l'habitation du maitre.

Pendant bien des années, j'ai dû perdre, à cause de l'odieuse brochure, le souvenir des quelques semaines passées presque tout entières dans l'hospitalière maison; mais j'ai dit pourquoi il me semble que j'ai le droit de m'en souvenir maintenant.

Le matin, après un repas rapide, nous quittions notre hôtel où l'on nous considérait fort à cause de notre visite chez Richard Wagner. Je me rappelle même à cette occasion un quiproquo assez plaisant. Chaque fois que nous descendions l'escalier, avec une jeune femme que nous avions l'honneur d'accompagner dans ce voyage, les domestiques accouraient, faisaient la haie, et s'inclinaient jusqu'à terre

devant nous. Le patron lui-même, avec
l'air du plus profond respect, nous escor-
tait jusqu'à notre voiture, et une fois il
voulut à toute force nous baiser les mains.
Qui diantre pouvait nous valoir de tels hom-
mages? Remarquez que nous logions fort
simplement dans trois petites chambres au
quatrième étage de l'hôtel du Lac, et que
nous portions des habits d'une somptuosité
modérée. Et dans la ville aussi, il y avait
sur notre passage des saluts, des chuchote-
ments, des groupements de têtes décou-
vertes. Mieux encore, quand nous allions à
Triebchen, en barque, par le lac, d'autres
barques pleines d'Anglais nous suivaient
jusqu'au promontoire où s'élevait la maison
de Wagner, et là les Anglais attendaient
jusqu'au soir, sur l'eau, avec une patience
entêtée ! Tant d'empressements et d'obsé-

quiosités finirent par nous agacer un peu,
et nous dîmes tout net au patron de l'hôtel que nous voulions être traités comme
de pauvres diables de voyageurs que nous
étions. Mais alors cet homme sagace prit un
air très entendu, et se tournant vers moi,
« Sire, dit-il, il sera fait selon les désirs
de Votre Majesté, et, puisqu'elle l'exige,
nous respecterons son incognito. » Ma
Majesté ! vous pensez si nous pouffâmes de
rire. La vérité, c'était que notre voyage à
Lucerne avait coïncidé avec l'annonce dans
les journaux de l'arrivée prochaine du roi
de Bavière et que l'on me prenait pour le
roi Louis, tandis que l'on prenait Villiers
de l'Isle-Adam pour le prince Taxis. Quant
à notre jeune compagne de route, on
croyait fermement qu'elle n'était autre que
madame Patti, venue à Lucerne pour étu-

dier un opéra de Richard Wagner, et c'é-
tait dans l'espérance de l'entendre que les
Anglais rôdaient le soir devant le promontoire de Triebchen ! Nous eûmes toutes les
peines du monde à détromper les braves
gens de l'hôtel et à obtenir qu'on ne nous
rendit pas les honneurs royaux.

Chez Wagner, les journées étaient char-
mantes. A peine entrés dans le jardin, les
aboiements d'un énorme chien noir, avec
des rires d'enfant sur le perron, saluaient
notre arrivée, et le poète-musicien, à la
fenêtre, agitait en signe de bienvenue son
béret de velours noir. Plus d'une fois, notre
visite matinale le surprit dans le costume
étrange que lui prêtait la légende : redingote et pantalon de satin d'or tout broché
de fleurs de perle ; car il avait l'amour pas-
sionné des lumineuses étoffes qui s'étendent

comme des nappes de feu ou s'écroulent
en splendides cassures. Les velours et les
soies abondaient dans son salon, dans sa
chambre de travail, par tas qui bouffent ou
par traînes torrentielles, n'importe où, sans
prétexte de meubles, sans autre raison que
leur beauté, pour donner au poète l'enchantement de leur glorieux incendie.

En attendant le diner toujours servi à
deux heures précises, la causerie commen-
çait dans le salon vaste et clair où tout l'air
des montagnes et des lointains mouillés
entrait par quatre fenêtres ouvertes. Quelquefois, nous étions assis, nous, mais lui,
jamais ! Non, il ne me souvient pas de
l'avoir vu assis une seule fois, si ce n'est
au piano ou à table. Allant, venant par la
grande pièce, remuant les chaises, chan-
geant les fauteuils de place, cherchant dans

toutes ses poches sa tabatière toujours perdue, ou ses lunettes qui étaient quelquefois accrochées aux pendeloques des candélabres, mais qui n'étaient jamais sur son nez, empoignant le béret de velours qui lui pendait sur l'œil gauche avec l'air d'une crête noire, le triturant entre ses poings crispés, le fourrant dans son gilet, le retirant, le replaçant sur ses cheveux, il parlait, parlait, parlait ! Il parlait de Paris souvent. Il n'était *pas encore* devenu injuste envers notre pays. Il aimait la ville où il avait souffert, où il avait espéré ; il s'informait avec des tendresses et des inquiétudes d'exilé des quartiers où il avait logé et qui avaient été bien modifiés peut-être par les constructions nouvelles. J'ai vu ses yeux se mouiller de larmes à cause d'une maison dont il se souvenait, au coin d'une rue, et qu'on

avait démolie. Puis il s'envolait dans des
emportements : sublimes images, calembours, barbarismes, un flot incessant, toujours heurté, toujours renouvelé, de paroles
superbes, tendres, violentes ou bouffonnes.
Et, tantôt riant à se décrocher la mâchoire,
tantôt s'attendrissant jusqu'aux pleurs, tantôt se haussant jusqu'à l'extase prophé-
tique, il mêlait tout dans son extraordinaire
improvisation : les drames rêvés, *Parsifal*, le roi de Bavière, qui n'était pas un
méchant garçon, les tours que lui jouaient
les maîtres de chapelle juifs, les abonnés
qui avaient sifflé *Tannhœuser*, Mme de Met-
ternich, Rossini, « le plus *voluptueuse-
ment* doué des musiciens, » ces gueux
d'éditeurs, la réponse qu'il voulait faire à
la *Gazette d'Augsbourg*, le théâtre qu'il
ferait bâtir sur une colline près d'une ville,

et où viendraient de tous les pays tous les peuples, Sébastien Bach, M. Auber qui avait été très gentil pour lui, son projet d'écrire une comédie intitulée *le Mariage de Luther*, et vingt anecdotes : histoires de sa vie politique à Dresde, les belles chimères de son enfance, ses escapades, le soir, pour aller voir de loin, du dernier rang du parterre, le grand Weber conduire l'orchestre, Mme Schrœder-Devrient, le plus tendre et le plus reconnaissant souvenir de son existence, — admirable et chère, chère femme ! disait-il avec un sanglot, — et la mort de Schnorr qui avait créé *Tristan;* et alors, quand il avait prononcé ce nom *Tristan* ! c'était une furieuse exaltation de tout son être vers l'éternité fiévreuse de l'amour dans la mort, quelque chose comme la conception d'un néant frénétique ! Nous, cependant, étourdis, éperdus, riant avec lui, pleurant avec lui, extasiés avec lui, voyant ses visions, nous subissions comme un tourbillon de poussière et de tempête ensoleillées l'épouvante et le charme de son impérieuse parole !

II

ÉPITRE

AU ROI DE THURINGE

Sire,

Vous avez daigné faire saisir par votre police, dans toutes les librairies de votre royaume, la traduction allemande du ROI VIERGE. Hélas ! c'est donc vrai que Votre Majesté prend du ventre ? Car jamais l'adolescent frêle et grêle, que j'ai vu autrefois, le prince pâle aux yeux profonds et purs comme les lacs où les cygnes seuls se sont mirés, l'éphèbe farouche et beau, incessamment occupé des rêves, et lui-même pareil à un rêve, — les oreilles trop grandes seulement et les cheveux trop pommadés s'érigeant sur le côté droit de la tête en un petit escalier d'ébène verni ! — jamais Frédéric II qui était roi à Nonnenbourg, comme Thésée était duc à Athènes, ne fût descendu des chimériques Edens où soupirent parmi les musiques des amoureux sans amoureuses, pour sévir contre un pauvre livre que personne en Thuringe n'aurait acheté si vous n'aviez défendu de le vendre ! J'ajoute ceci : ce livre, autrefois — avant le ventre — vous aurait plu. Oui, raillé à cause de votre sauvagerie et de vos disparitions d'enfant qui boude, bafoué à cause de vos extases dans la solitude et de la réalisation de vos songes dans des palais machinés comme un théâtre de féerie, calomnié à cause de votre mystérieux et jaloux célibat, vous auriez aimé ce roman où vous n'étiez ni calomnié, ni bafoué, ni raillé. Vous auriez souri de voir votre res-

semblance mêlée aux mensonges des aventures, — le mensonge seul vous était cher !
— et de vous reconnaître enthousiaste et
mélancolique, un peu fou, un peu féroce,
mais fou à force de candeur, féroce à force
de pureté ! Vous n'auriez même pas désap-
prouvé la mort que je vous donne, cette
mort sur la croix de Jésus dans une comédie sacrée, — fin d'artiste et de dieu ; — car,
à cette mort, vous avez songé longtemps.
Ne dites pas non, Sire ! vous savez bien
que j'ai *pu* le savoir et que je le *sais*.

Mais le développement houblonneux de
votre abdomen — ô bière, ivresse croupis-
sante où s'empêtrent et s'enfoncent les ailes
des rêveries ! — a eu pour corrélatif, dans
vos pensées, un très sensible rétrécissement
d'envergure. L'esprit se dégonfle et s'apla-
tit quand la panse ballonne. Rien ne change

le caractère d'Obéron comme de prendre la forme de Falstaff.

Et puis, qui sait ? votre irritation contre le *Roi Vierge* — ou contre son auteur — n'a peut-être pas pour cause unique le regrettable épanouissement adipeux de votre personne. Même du temps où vous étiez svelte comme une jeune miss, vous étiez passablement rancunier, on l'affirme ! et il se pourrait que vous n'eussiez jamais oublié une ancienne aventure où j'ai eu le regret de combattre votre volonté, Sire, et l'honneur d'en triompher. C'est une histoire qui vaut la peine d'être contée ; et c'est pourquoi je vous adresse cette épitre, dût-on m'accuser de faire de la « réclame » à mon livre, et à votre trône.

En ce temps-là, votre Thuringe n'avait pas encore guerroyé contre la France ; des

Parisiens étaient venus à Nonnenbourg, — musiciens, poètes, peintres, — afin d'entendre *l'Or du Danube*, de Hans Hammer, qui allait être représenté pour la première fois. Et de toute l'Europe, d'Asie aussi, d'autres gens étaient accourus. Il y avait l'abbé Glinck, magistral et bénin, avec son troupeau d'élèves blondes, — ainsi les Arétines suivaient Pierre d'Arrezzo; la comtesse Loukhanoff éternellement blanche, laissant pendre l'élégie larmoyante de ses dentelles et de ses mousselines, pareille à un saule de neige, — comparaison d'autant plus exacte que la comtesse avait une jambe de bois figurant le tronc de l'arbuste; Mme de Sternitz qui venait d'épouser le ministre de l'intérieur, en Prusse, et qu'on appelait la princesse Trompette, en moquerie de son petit nez très drôle, joli d'ailleurs ; le prince Flédro-Schèmyl, le plus chambellan des hommes ; et des magnats dorés et passementés, et des pianistes, et des diplomates, et des ténors, et des ambassadeurs, et le marquis Yésado, plénipotentiaire japonais, qui, d'un séjour à Inspruck, avait gardé l'habitude de s'habiller en pâtre tyrolien.

C'était avec une impatience fébrile que nous attendions la première représentation de *l'Or du Danube*. Nous allions pleinement connaître le chef-d'œuvre dont nous avions tant de fois lu, relu la partition ! Quelque chose pourtant gênait ma joie ; je n'ignorais pas que Hans Hammer avait protesté contre l'exécution d'un ouvrage qui n'était que la première partie, le prologue d'une colossale épopée dramatique, inachevée encore ; le poète-musicien avait dû enfin soumettre sa volonté à votre caprice, Sire ! Mais, plein d'une sourde colère, il s'était borné à livrer ses manuscrits, n'avait assisté à aucune répétition, s'abstenait même de paraitre à Nonnenbourg. Ah ! je vous en voulais, Majesté, de jouer l'œuvre de Hans Hammer malgré Hans Hammer lui-même ! et bien souvent je méditais là-dessus, assis dans la brasserie, près de la fenêtre d'où l'on apercevait les fenêtres de la Résidence, pendant que Lotte ou Ottilia plaçait devant moi le grand verre de bière brune, non sans avoir trempé ses lèvres roses dans la neige mousseuse qui déborde. Comme il y a longtemps de cela ! Qu'êtes-vous devenues, petites servantes blondes, à qui les voyageurs français deman-daient de leur apprendre comment on dit « je vous aime » en allemand ? vos fiancés sont-ils allés à la guerre ? en sont-ils revenus ? êtes-vous vieilles, êtes-vous mortes ? Mais où est la mousse des chopes d'antan ?

Après la répétition générale, je quittai l'opéra et j'entrai à la brasserie, furieux, des jurons aux dents ! Miséricorde ! Que voulait dire ceci ? Étions-nous à Nonnenbourg ou dans quelque bourgade de Poméranie ? Sortais-je de l'un des premiers théâtres du monde ou d'une baraque de kermesse ? Les chanteurs, vaille que vaille, étaient suffisants ; sous la direction enthousiaste et savante du maitre de chapelle Otto Fichter, l'orchestre avait bien fait son devoir ; mais les décors, les costumes, les changements à vue, la « machinerie », tout cela était monstrueusement grotesque et piteux ! Il y avait à la seconde scène un dragon qui aurait paru puéril dans un drame fantastique représenté au théâtre Guignol, et dont eussent pouffé de rire les enfants mêmes qu'effrayent encore les serpents à deux sous que l'on achète dans les bazars. Le trésor du Danube avait été transformé en une ferblanterie qui eût déshonoré la cuisine d'une gargote, et le lumineux pont de l'arc-en-ciel par où les dieux triomphants montent dans le Valhalla était une planche de sapin sur laquelle on avait collé du papier tricolore ! Imbécillité des machinistes ? peut-être. Mauvaise volonté des gens du théâtre ? probablement. Quoi qu'il en fût, jouer l'œuvre dans de telles conditions, c'était la condamner à la risée, au désastre.

Quelques personnes s'entremirent, demandèrent une audience au roi. Vous ne

daignâtes même pas les écouter jusqu'au
bout, Sire, vous bornant à répondre qu'il
vous plaisait d'entendre *l'Or du Danube* et
que vous l'entendriez avant deux jours.
Ceci redoubla ma fureur ! Je ne songeai pas
à ce qu'aurait d'absurde et de chimérique
et de stérilement périlleux la révolte d'un
seul homme, d'un étranger inconnu, contre
la volonté d'un prince subtil et tyrannique ;
et sans même regarder la belle chope d'or
brun qui pétille et qui mousse, je tendis les
poings vers la fenêtre de la Résidence, en
jurant que *l'Or du Danube* ne serait pas
joué ! la Brasserie avait déclaré la guerre
au Palais.

Le lendemain, Hans Hammer était à
Nonnenbourg. Je lui avais télégraphié :
« Venez. » Il avait pris l'express, il était là.
Votre Majesté avait compté sans l'hôte que

je lui amenais : l'auteur de *l'Or du Danube* saurait bien empêcher que l'on représentât *l'Or du Danube*. Je triomphais ! Voici ce qui se passa. Quatre fois Hans Hammer se présenta à la Résidence : quatre fois il ne fut pas reçu. Il écrivit au roi : le roi ne répondit point. Que faire ? nous courûmes au théâtre. Hans Hammer demandait peu de chose, deux ou trois répétitions de l'œuvre, devant lui, sous sa direction. Il espérait pouvoir en quelques heures de travail mettre une apparence d'ordre dans le chaos de la mise en scène. Mais on ne lui accorda pas une répétition, pas une, pas une seule ! On dit à l'auteur : « Votre œuvre est à nous. Nous ne vous connaissons pas. Mêlez-vous de vos affaires. » Puis, le soir, vous ne l'avez pas oublié, Sire, nous reçûmes la visite d'un de vos serviteurs, —

son nom ? je me souviens que Hans, qui
faisait volontiers des calembours en français, l'appelait « tartufflip », — et Hammer
fut prié, avec une exquise politesse, de
quitter immédiatement Nonnenbourg ; en
un mot, expulsé. Ceci dérange un peu la
légende du jeune roi mélomane, éperdu de
son musicien ! j'en suis fâché. Je dis ce que
j'ai vu et entendu.

Hans Hammer parti, je ne pouvais plus
rien, semblait-il. Ah ! j'étais encore à l'âge
hardi des enthousiasmes emportés et des
colères qui réfléchissent peu ; je me hasar-
dai à continuer la lutte contre Votre Majesté. Je courus chez le maitre de chapelle
Otto Fichter, enthousiaste comme moi de la
musique nouvelle, ami comme moi de Hans
Hammer ; je lui demandai :

— Combien faudrait-il de jours à un

excellent chef d'orchestre pour étudier *l'Or du Danube* ?

— Pour l'étudier de manière à en diriger l'exécution ?

— Oui.

— Quinze jours.

— Vous en êtes sûr ?

— Parfaitement sûr.

— Eh bien, mon cher Fichter, donnez votre démission.

Fitcher, aujourd'hui, est l'un des chefs d'orchestre les plus renommés et les plus chèrement rétribués de l'Allemagne entière. Mais, jeune alors, il était pauvre, n'avait d'autre ressource que sa place qui lui valait quatre ou cinq mille florins. J'osai pourtant lui conseiller d'abandonner cette place, parce que je sentais bien que, moi aussi, pardieu ! j'eusse été capable d'un pareil

sacrifice. Il s'écria en se frottant les mains :
« Comment diantre n'avions-nous pas pensé
à cela ? » Et sans hésitation, joyeusement,
il écrivit et signa sa démission que nous
envoyâmes sur-le-champ à la Résidence.
Vous étiez vaincu, Sire ! Hélas, non. En
sortant de chez moi le lendemain, je vis
que *l'Or du Danube* était affiché pour le
soir même. Il s'était trouvé un maître de
chapelle pour dire : « cette partition ? je la
sais par cœur ! » C'en était donc fait ! vains
efforts ! vains serments ! le Palais triom-
phait de la Brasserie.

Le jour suivant, vers cinq heures et
demie du soir, sous le soleil encore vif, une
foule pacifique et lente comme l'est tout
bon public allemand, montait les vastes
marches de l'opéra de Nonnenbourg ; et
vous, Sire, ayant suivi le corridor des

Tapisseries qui conduit de la Résidence au théâtre, vous étiez déjà dans votre loge, au fond, seul. Le nouveau maître de chapelle, — un petit juif, jaune et chauve comme une tête de mort, — était debout, allait lever le bâton. Vous attendiez, content.

Pendant ce temps, deux hommes à travers les rues presque désertes s'en allaient vers le chemin de fer, le collet de l'habit relevé, le chapeau sur les yeux. L'un gros, l'autre maigre. Celui qui était maigre, c'était moi. Arrivé à la gare, je pris un billet de seconde classe, et courus le remettre à mon compagnon qui était déjà près de la voie, devant un wagon ouvert. Il me dit : « Nous faisons une chose très grave. A proprement parler, l'Opéra de Nonnenbourg n'a pas de directeur ; c'est envers le roi

seul, envers le roi lui-même que les artistes
sont engagés : je ne m'expose pas seulement à payer un dédit; je risque — car
je puis être rattrapé ! dans une heure,
toute la police sera à mes trousses ! — je
risque une condamnation sévère, la prison,
l'amende. Mais n'importe. Vous avez raison, la gloire de Hans Hammer avant
tout. Seulement vous devriez partir avec
moi.

— Pourquoi donc?

— Le roi saura que vous avez été mon
complice.

— Eh ! j'y compte bien.

— Vous serez inquiété : montez dans le
wagon.

— Bah ! je tiens à entendre *l'Or du
Danube*, dis-je en éclatant de rire.

Nous nous serrâmes la main. Un coup

de sifflet, un coup de cloche, le train se mit
en marche.

Une heure après j'entrais au théâtre. La
toile se levait, mais ce ne furent pas les
fluides filles du Danube qui apparurent sur
la scène dans le mystère transparent de
l'eau. Un vieux régisseur s'avança, fort
piteux : « la représentation était remise ;
l'un des chanteurs — qui devait remplir
un rôle important — ayant disparu ».
Il y eut dans votre loge, Sire, un grand
bruit violent de fauteuils renversés ! colère
inutile, quoique royale : *l'Or du Danube*
ne fut joué que l'année suivante, dans
un luxe de merveilleux décors, avec un
art parfait de mise en scène ; j'avais commis le crime de lèse-majesté pour vous
empêcher de commettre celui de lèse-
génie! Mais il parait que vous ne m'en sûtes

aucun gré. Au contraire, quelqu'un alla
jusqu'à [illegible]
arrêté. J'attendis. Rien. Vous vous êtes
borné à faire saisir mon livre quatorze ans
plus tard.

NOTES

SUR LA THÉORIE WAGNÉRIENNE

NOTES

SUR LA THÉORIE WAGNÉRIENNE

I

« On ne fera jamais un bon opéra. La musique ne sait pas narrer. » Qui dit cela ? Boileau parlant à Racine. « On voit bien que l'opéra est l'ébauche d'un grand spectacle ; il en donne l'idée ; mais je ne sais pas comment l'opéra, avec une musique si parfaite et une dépense toute royale, a pu réussir à m'ennuyer. » Qui s'exprime ainsi ? La Bruyère. « L'opéra n'est qu'un rendez-vous public où l'on s'assemble à certains

jours sans trop savoir pourquoi : c'est une
maison où tout le monde va, quoiqu'on
pense mal du maître et qu'il soit assez
ennuyeux. » Qui parle ainsi ? Voltaire écri-
vant à Cideville. « Quant à moi, ajoute
Beaumarchais, qui suis né très sensible
aux charmes de la bonne musique, j'ai
bien longtemps cherché pourquoi l'opéra
m'ennuyait, malgré tant de soins et de frais
employés à l'effet contraire ; et pourquoi
tel morceau détaché qui me charmait au
clavecin, reporté du pupitre au grand
cadre, était près de me fatiguer s'il ne
m'ennuyait pas d'abord ; et voici ce que j'ai
cru voir : *il y a trop de musique dans la
musique du théâtre*, elle en est toute sur-
chargée ; et, pour employer l'expression
naïve d'un homme justement célèbre, du
chevalier Gluck : Notre opéra pue de

musique ! *puzza di musica*. Je pense donc que la musique d'un opéra n'est, comme sa poésie, qu'un nouvel art d'embellir la parole, dont il ne faut pas abuser. » Et plus loin : « Que sera-ce si le musicien orgueilleux, sans goût ou sans génie, veut dominer le poète, ou faire de sa musique une œuvre séparée? Le sujet devient ce qu'il peut; on n'y sent plus qu'incohérence d'idées, division d'effets et nullité d'ensemble; car deux effets distincts ne peuvent concourir à cette *unité* qu'on désire, et sans laquelle il n'est point de charme au spectacle. » Et, de l'autre côté de la page : « Je ne puis assez le redire, et je prie qu'on y réfléchisse : trop de musique dans la musique est le défaut de nos grands opéras. Voilà pourquoi tout y languit. Sitôt que l'acteur chante, la scène se repose (je dis, s'il chante pour chanter), et, partout où la scène se repose, l'intérêt est anéanti. Mais, direz-vous, si faut-il bien qu'il chante, puisqu'il n'a pas d'autre idiome? Oui, mais tâchez que je l'oublie. L'art du compositeur serait d'y parvenir. Qu'il chante le sujet comme on le versifie, uniquement pour le parer; que j'y trouve un charme de plus, non un sujet de distraction. Moi, qui ai toujours chéri la musique sans inconstance et même sans infidélité, souvent aux pièces qui m'attachent le plus je me surprends à pousser de l'épaule, à dire tout bas avec humeur : « Va donc, musique! pourquoi tant répéter, n'es-tu pas assez lente? Au lieu de narrer vivement, tu rabâches; au lieu de peindre la passion, tu t'accroches oiseusement aux mots! »

Vous le voyez, le drame musical avait été désiré et prévu en France par un bon nombre de hauts et de clairs esprits. Beaumarchais, avec une prescience vraiment extraordinaire, va jusqu'à dire : « Il m'a semblé qu'à l'Opéra les sujets historiques doivent moins réussir que les sujets imaginaires. » Il ajoute : « Je penserais donc qu'on doit prendre un milieu entre le merveilleux et le genre historique, » désignant ainsi la légende comme la source par excellence de l'opéra futur ; et enfin, dans un élan qui dépasse peut-être les limites accoutumées de sa vision intellectuelle : « Ah ! si l'on pouvait, s'écrie-t-il, couronner l'ouvrage d'une grande idée philosophique ; même en faire naître le sujet ! Je dis qu'un tel amusement ne serait pas sans fruit ; que tous les bons esprits me sauraient gré de ce travail. Pendant que l'esprit de parti, l'ignorance ou l'envie de nuire armeraient la meute aboyante, le public n'en sentirait pas moins qu'un tel essai n'est pas une œuvre méprisable. Peut-être irait-il même jusqu'à encourager des hommes d'un plus fort génie à se jeter dans la carrière ! »

Ainsi Beaumarchais, le plus railleur des esprits, a été l'annonciateur du plus raillé des génies. Car, avant Richard Wagner, l'idéal conçu par l'auteur du *Barbier de Séville* n'a pas été atteint. Ni l'admirable Gluck à qui manqua un grand poète, et qui sentait les ailes de sa mélodie prises dans le péplum de la poésie classique, ni le sublime Beethoven, qui lutta vainement dans *Fidelio* contre la niaiserie de son livret, ni Weber lui-même, qui par *Eu-*

ryante cependant a fait prévoir *Lohengrin*, n'ont réalisé ce rêve : la dualité de la poésie et de la musique, harmonieusement absorbée dans l'unité du drame.

II

Une page entre autres m'a frappé dans *Opéra et Drame*, un des ouvrages théoriques les plus importants de Richard Wagner ; je la traduis de mémoire.

« Il y a trois musiques.

» Il y a la musique italienne, délicieuse et perverse, qui provoque et qui déprave, princesse peut-être, courtisane certainement ; belle comme les Vénus du Titien et impudique comme les Arétines de Pierre d'Arezzo ; ne se souciant de rien, sinon de plaire et d'énerver ; triomphant des âmes fortes par sa faiblesse même ; jolie certes,

et troublante comme un enchantement las-
cif, mais banalisant sa beauté dans des
concessions de carrefour.

» Marton, Marinette ou Zerbine, c'était la
musique française. La mouche au coin de
l'œil, un reste de baiser sur les lèvres, elle
riait de toutes ses dents vives, la gorge
libre et les cheveux au vent. Rien ne lui
plaisait mieux que de babiller avec Gentil-
Bernard sous la charmille de quelque guin-
guette, et, si elle s'attendrissait, c'était sur
le sort d'une marguerite effeuillée au cou-
rant d'un ruisseau. Parbleu ! elle se dégui-
sait parfois en héroïne, — ce sont là des
caprices de grisette. Vous auriez juré souvent qu'elle prenait au sérieux son rôle de
prophétesse biblique, — quand elle avait
Méhul pour amant, — ou son rôle d'Agnès
sincère, quand elle vivait maritalement

avec Hérold. Mais bah ! son bonnet ne tar-
dait pas à se renvoler par-dessus les mou-
lins, malgré le bandeau tragique ou la couronne de fleurs d'oranger qu'on se met
au troisième acte ; et, les deux poings sur
les hanches, regrettant Vadé, et se con-
tentant de Scribe, elle pouffait de rire au
nez de l'art sérieux, narguait le Conservatoire, engueulait le Grand-Opéra, pressen-
tant déjà peut-être que, dans un avenir peu
lointain, elle serait la fille de Madame
Angot (1).

(1) Elle n'était pas ennuyeuse. Mais, enfin, rire ne
suffit pas. Si le cancan passe à l'étranger pour notre
danse nationale, il ne convient pas que ce même cancan soit considéré comme la seule musique de notre
pays. Est-ce que la rêverie n'est pas aussi française
que la farce ? Se réjouir dispense-t-il de méditer ? La
Faridondaine, c'est bien ; la *Symphonie avec chœurs*,
c'est mieux.

Alors, les musiciens nouveaux sont venus. Ils ont

» Il y avait la musique allemande. Oh ! celle-là était renfrognée. Elle regardait de

considéré, non sans étonnement, la soubrette jusqu'alors occupée des rubans de son corsage fripés par son bel ami le garde-française, et, pleins d'un beau rêve, dévorés du désir des cimes, ils ont violemment saisi Dorine, Fanchon, Musette, et l'ont forcée à lever la tête, sans lui prendre le menton.

Que veulent-ils ? Tout. Tout ce qu'il est possible de saisir, et même ce qu'il est impossible d'atteindre. Leur espérance a les mêmes bornes que l'infini.

C'en est fait de l'art paresseux, qui répugne à l'effort, se contente de la première trouvaille venue, et dit : « Bah ! Ce sera toujours assez bon ! »

Nous ne sommes plus au temps des artistes qui le sont quelquefois, lorsque la fantaisie leur en prend ou que l'inspiration les y contraint. Il y a un penseur paisible et volontaire, il y a un savant dans tout créateur digne de ce nom.

Est-ce à dire que les compositeurs actuels nient ou dédaignent ce qu'on appelle l'inspiration ? Non, certes. Et qui donc oserait s'écrier : « Et moi aussi, je suis un artiste ! » s'il ne sentait en lui l'ardent besoin d'expansion, la flamme innée, toujours prête aux effluves, sans lesquels il n'y a pas de poète et pas de chanteur ?

Mais l'inspiration, qui a été trop longtemps la folle du logis, il faut la vaincre, la maîtriser, la guider ;

loin, pleine d'étonnement, sa sœur italienne
qui s'étirait avec des langueurs de sieste.

elle est la Chimère, dont, à pleins poings, on saisit la
crinière, et que l'on courbe à la règle.

Sûrs d'eux-mêmes, les musiciens nouveaux accom-
plissent avec fermeté leur rêve. C'est fini de batifoler,
vous dis-je ! Les petites chansons sont fanées. Il est
temps que la musique rêve et pense dans la symphonie ; — qu'elle pleure et sanglote dans le drame ! De
là l'art nouveau Et, disons-le hautement, sans vanité
comme sans modestie, jamais, peut-être, il ne s'est
produit, jamais et chez aucune nation, un mouvement musical comparable à celui qui honore actuellement la France.

Mais, il faut bien le reconnaître, ce n'est pas au
théâtre que s'est manifestée jusqu'à présent la haute
valeur de nos compositeurs récents. Ils sont de parfaits
symphonistes ; on leur doit des oratorios qui eussent
étonné Haydn ou Hændel ; plusieurs de leurs concertos,
de leurs trios, de leurs quatuors, sont véritablement des
chefs-d'œuvre, et quelques-uns ont écrit pour la voix
d'exquises mélodies ; mais nul d'entre eux, jusqu'à ce
jour, n'a magnifiquement triomphé sur la scène.

Les uns se diminuent par un désir de plaire trop
vite au public, désir qu'encouragent volontiers les
directeurs de théâtre ; les autres, — les plus puissants, — se disséminent dans la symphonie transportée à la scène, se complaisent trop manifestement

Elle s'effarouchait des lèvres roses de baisers, et des mouches au menton, et du

dans le soin des détails orchestraux, et perdent ainsi de vue l'objet principal : l'action ! Oui, la musique moderne, au théâtre, s'inquiète trop de la musique, d'elle seule, et c'est pourquoi le grand dramaturge musical français qui, sans doute, est né déjà, ne s'est pas encore produit.

Je constate ce fait, et je le déplore. Mais ce fâcheux état de choses ne saurait durer longtemps.

Est-ce que le drame n'appartient pas à la France, comme à l'Allemagne, comme à l'Angleterre ? Si l'une a eu Shakespeare, si l'autre a eu Schiller, n'avons-nous pas eu Corneille et Molière, n'avons-nous pas Hugo ? Et pourquoi notre musique ne ferait-elle pas ce qu'a fait notre poésie ? Sans doute, il est honorable et hautain qu'un compositeur s'isole dans la symphonie, comme un poète s'exilerait dans la poésie lyrique ; mais le grand public est là, qui attend, qui réclame, qui exige sa proie : le drame ! Donnez-la-lui, toute palpitante. Puisqu'on vous reproche d'imiter Richard Wagner, imitez-le en effet, de la bonne façon, en appliquant son système, mais en restant vous-mêmes. Des entrailles mêmes de nos races, de nos légendes, de nos histoires, faites jaillir la tragédie vivante qui remue, secoue, empoigne la foule. Vous êtes le rêve, sachez être l'action. Certes, évitez la banalité écœurante de l'antique opéra, servez-vous de tout votre art poing sur la hanche de sa folle sœur de France. Elle était la virago hautaine, prude, réfléchie. Robuste et créée pour les fortes besognes, prête aux plus rudes enfantements, belle d'ailleurs, elle se consumait dans une longue virginité. Malgré Bach et Haydn, ses premières amours, malgré Mozart, qui la tenta et faillit la séduire, malgré Beethoven, qui la pressa fortement sur son cœur en lui criant : « Oh ! cesse enfin d'être stérile ! » elle se sentait incomplète, et, tourmentée en dépit de sa placidité apparente, elle maudissait sa solitude. Elle espéra un

subtil et grandiose, qui est la joie des délicats, mais servez-vous-en pour réaliser plus parfaite l'œuvre vive, qui enthousiasme le plus grand nombre. Cette œuvre, il nous la faut ! et puisque nous avons des Bach et des Mendelssohn, ayons enfin un Richard Wagner, bien Français, entendez-vous !

époux, un jour, lorsque Beethoven écrivit, Schiller aidant, la neuvième symphonie. Ce furent de belles fiançailles, gage des noces futures ! Une fois enfin, le Poète la vit et la saisit. Habituée à l'isolement, à l'ombre, au mutisme, elle voulut d'abord lui résister ; mais il était le Mâle inévitable. « Tu enfanteras ! » lui dit-il. Et l'Harmonie, violée par la parole, enfanta le Drame musical. »

Tout le système de Richard Wagner et l'œuvre qui en est issue sont exprimés par cette allégorie. Le but, pour le poète-musicien, n'est pas la poésie et n'est pas la musique. Le seul but, c'est le drame lui-même, c'est-à-dire l'action, la passion, la vie. Poésie et musique ne sont que des moyens. Elles se sacrifient, lorsqu'il le faut, à l'effet supérieur qui doit être produit. Quelquefois il devient nécessaire que leur charme personnel s'efface, disparaisse, soit comme s'il n'était pas, jamais l'admiration pour l'une d'elles ne devant faire obstacle à l'émotion que leur union engendre.

Ainsi il s'agit d'un art nouveau. Si vous cherchez la poésie allemande, lisez Goethe. Si vous voulez la musique allemande, écoutez Beethoven. Si le drame vous attire, allez à Richard Wagner.

Lorsqu'on est assis dans une stalle pour assister à une représentation de *Lohengrin* ou de *Tristan et Iseult*, il ne faut pas se demander : « Entendrai-je de belles mélodies, » ou « Entendrai-je de beaux vers ? » Il faut se dire : « On va représenter devant moi un drame. Serai-je ému ? »

Or, qu'on nous permette de le dire avec

la certitude que notre opinion sera un jour
commune à tous ceux qui aiment profondément le théâtre : les effets dramatiques
produits par l'intime hymen du vers et de
la mélodie sont tels dans l'œuvre de
Richard Wagner, que, inférieur comme
poète à Gœthe, n'ayant pas surpassé, en
tant que musicien, Beethoven, il n'est,
comme créateur dramatique, comparable
qu'au divin Shakespeare.

L'ŒUVRE

Richard Wagner a exprimé dans ses mélodrames les plus hauts et les plus poignants sentiments de l'âme humaine. Si, dès après *Rienzi*, il lui a plu de placer ses personnages dans des milieux légendaires, c'est que dans la légende, en effet, la passion dégagée des contingences accidentelles de l'histoire, de ce qu'on appelle la couleur ocale, s'affirme plus nettement, se montre pour ainsi dire toute nue. En outre, le symbole, sans lequel aucune œuvre d'artiste ne saurait avoir de prolongement dans l'humanité entière, se dégage plus visiblement d'une action légendaire que d'un fait seulement historique. Richard Wagner excelle à découvrir et à généraliser la pensée intime des mythes populaires. Il est le contemporain du passé sans cesser d'être moderne. Naïf comme ces pâtres de Norvège qui se plaisaient jadis à entendre autour de la flamme du pin résineux les récits inspirés des Scaldes, il laisse aux histoires primitives leur charme d'enfance ingénue; mais, penseur et critique, il sait, sans nuire à sa propre émotion ni à celle des autres, montrer la loi nécessaire des événements dans la suite en apparence désordonnée des circonstances, et il contraint l'humanité vieillie à s'aimer, à se haïr, à se plaindre, à se reconnaître en un mot dans les contes qui l'ont bercée.

Le Vaisseau-Fantôme est la vieille histoire de ce Juif errant de la mer qui fatiguera sans fin les flots épouvantés tant qu'il n'aura point rencontré l'amour d'une femme fidèle jusqu'à la mort. C'est aussi l'éternelle angoisse des cœurs exilés sans retour de la maison où veille l'épouse et du foyer où sont les enfants.

Tannhæuser, le chevalier chassé de la Wartburg, maudit par le pape, recueilli par l'enfer, et sauvé par la prière, c'est l'âme de l'homme, souillée de basses débauches, sans espoir de pardon ici-bas, et délivrée enfin par le divin repentir.

Adam et Ève, Éros et Psyché, revivent, éternelle allégorie, dans Lohengrin et dans Elsa. Toujours le désir des choses défendues trouble la paix des amours féminines, et voici que le premier homme es⁴ chassé du paradis terrestre, et qu'Éros s'envole éveillé par la goutte d'huile, et que Lohengrin interrogé s'en retourne, pour ne plus revenir, vers les splendeurs désormais sans joie de Monsalvat.

Tristan et Iseult ont bu le philtre d'amour ; mais ce n'est pas seulement dans la coupe de Brangœne qu'ils se sont enivrés, c'est dans les yeux l'un de l'autre. D'un récit de chevalerie presque banal, et que bien des poètes auraient cru devoir laisser dans les petits livres de la bibliothèque bleue, Richard Wagner a fait le drame éternel des amants séparés par le hasard jaloux, et qui tombent morts, comme Roméo et Juliette, sans s'être enlacés, hélas ! une dernière fois.

Mais c'est dans *Parsifal*, qui est la Légende comme la bible est le Livre, c'est dans *l'Anneau du Niebelung*, c'est surtout

dans cette prodigieuse épopée dramatique,
œuvre patiente de vingt années, que le
poète-musicien a révélé son admirable com-
préhension des symboles primitifs. Cette
fois, il ne se borne pas à faire revivre tel
ou tel héros d'une légende circonscrite.
C'est le passé de toute une race qui surgit
des ombres anciennes, et de quelle race ?
de celle qui, tout imbue encore des tradi-
tions anciennes, apportait aux solitudes nei-
geuses de l'Europe du Nord les divinités
géantes et splendides de l'Inde à peine
quittée. Ici nous verrons les forces de la
nature, incarnées dans les dieux, dans les
géants et dans les nains, lutter entre elles
et, tour à tour victorieuses ou défaites, s'a-
néantir enfin au profit d'une autre force plus
récemment surgie, au profit de l'homme
triomphant. Dès le commencement, l'alter-

native du bien et du mal sera offerte à
tout ce qui existe. Il faudra qu'ils choi-
sissent entre l'Or, symbole du pouvoir, et
la Beauté, symbole de l'amour, ces dieux,
ces géants, ces nains. Tous feront le mauvais choix, et les dieux, plus coupables
parce qu'ils auront été moins instinctifs, ne
pourront être rachetés que par les héros
qu'ils engendreront. Cette idée : le dieu
coupable sauvé par l'homme innocent, est
certainement une des plus hardies et des
plus hautes que l'esprit puisse concevoir.
Mais le crime divin a été tel, que tout le
sang humain n'en pourra laver la souillure.
Wotan s'éteindra dans l'inexorable crépuscule, malgré Siegmund mort pour lui, malgré Siedgried assassiné à cause de lui ; et
la Walkyrie Brünchilde, la déesse devenue
femme, la divinité devenue humanité, ter-

rible sur son cheval dont les grandes ailes palpitent comme des flammes blanches sur les flammes du bûcher, proclamera la fin des dieux engloutis dans l'abîme de leur faute, et la gloire enfin de l'homme extasié dans l'amour.

Tel est, sans entrer dans le détail des quatre drames, poignants et terribles, pleins d'événements et de situations hardies, — telle est la trilogie de *l'Anneau du Niebelung*, ou du moins l'idée qui s'en dégage. Nous ne nous faisons pas d'illusions; si l'on peut espérer qu'un jour les autres ouvrages de Richard Wagner deviendront populaires en France, il ne faut pas, à l'égard de celui-ci, former le même rêve; la légende interprétée ou, pour mieux dire, renouvelée par Richard Wagner dans *l'Anneau du Niebelung*, est tellement imprégnée de l'esprit des peuples à qui elle s'adresse, que, certainement, transportée devant d'autres spectateurs, elle perdrait la plus grande partie de son intérêt. A nous, gens de race latine, qu'importerait ce Wotan que nous appelons Odin, et en qui nous aurions peine à reconnaitre le Zeus des Grecs et le Jupiter des Romains? Au contraire, dans le pays allemand, si scan-dinave encore, les noms et les faits de l'antique théogonie norvégienne sont fa-miliers à tous. Il y a encore des fron-tières entre les esprits comme il y en a entre les nations.

Si vous êtes dépourvus de parti pris, si vous cherchez dans les grands spectacles artistiques quelque chose de plus que le plaisir de l'oreille et des yeux, — si vous osez blâmer Rossini de ses paresses et

Meyerbeer de ses concessions, si le drame lyrique tel qu'il fut permis à Scribe de le concevoir, ne satisfait pas vos aspirations, si vous êtes plein d'un enthousiasme sincère pour le vrai art dramatique qui a donné le *Prométhée enchaîné* à la Grèce, *Macbeth* à l'Angleterre, *les Burgraves* à la France : entrez résolûment dans l'œuvre de Richard Wagner et, en vérité, d'admirables jouissances, accrues par le charme de la surprise, seront le prix de votre initiation.

Par l'audace et la simplicité de ses conceptions tragiques, par son intime connaissance des passions humaines, par son vers musical, par sa musique poétique, par l'invention d'une nouvelle forme mélodique qu'on a appelée la mélodie continue et qui fait que le chanteur chante sans avoir l'air

de le faire exprès, par son merveilleux orchestre, qui joue à peu près le rôle du
chœur dans la tragédie antique et qui, toujours mêlé à l'action, la corrobore, l'explique, en centuple l'intensité par des
rappels analogues ou antithétiques à
chaque passion du drame, Richard Wagner vous transportera extasiés dans un
milieu inconnu, où le *sujet* dramatique,
vous pénétrant avec une puissance incomparable par tous les sens à la fois, vous fera
subir des émotions encore inéprouvées.

LE VAISSEAU-FANTOME

LE VAISSEAU-FANTOME

Tout d'abord, l'orchestre éclate avec fureur. Le vent, l'éclair, la mer combattent dans la nuit noire. Les vagues se hérissent, des tourbillons se creusent. Mêlée par instants aux bruits de la tempête, s'exhale une clameur puissante et triste, une clameur qui est à la fois un sanglot et un appel. Oh ! de quelle douleur, de quelle espérance cent fois déçue, ce cri est-il la plainte ? Tout le prodigieux fracas de l'Océan ne peut couvrir la voix qui gémit et qui désire. Quelquefois l'orage s'apaise avec des

rumeurs sourdes ; un chant s'élève, comme
la courbe sereine d'un arc-en-ciel. Est-ce
une réponse à l'appel désespéré qui monta
de l'abime ? Il est clément et pur, avec des
langueurs féminines. Sans cesser de planer,
il descend vers l'âme qui se désole dans les
profondeurs. Alors la bourrasque se dé-
chaine de nouveau ; le vent déchire les
voiles, brise les mâts, saccage la coque du
navire. L'appel retentit, encore plus amer.
Il ressemble maintenant à un défi ; on
dirait que celui qui appelle provoque au
combat toutes les puissances du gouffre.
Mais qu'est-ce donc que cette chanson
joyeuse qui nargue la triste clameur et rit
de l'ouragan ? Sont-ce les matelots qui
chantent dans le danger ? Leur voix est
absorbée dans l'immense tumulte. On n'en-
tendrait plus que le bruit furieux du ciel et

de la mer, traversé par le douloureux appel,
si le chant consolateur qui s'éleva naguère
ne luttait, seul, contre toute la tempête. Et
c'est comme la lutte d'un séraphin contre
un enfer. L'ombre et la lumière s'entre-
choquent. La victoire reste longtemps dou-
teuse. Mais voici qu'enfin triomphe le
chant angélique ; il s'étale, il se prolonge
sur le diabolique orage, et, comme sous le
talon de Michel, les mille couleuvres de la
mer se tordent dans la clarté définitive de
la mélodie.

La toile se lève. C'est la nuit. On voit à
peine un rivage bordé de rochers à pic, et,
là-bas, l'océan et le ciel obscurs. Les matelots d'un navire qui vient de jeter l'ancre
carguent les voiles, lancent des câbles, et
rythment leur travail d'un chant bref. Il y
a dans ce chœur une analogie évidente

avec la chanson joyeuse qui a nargué un instant la tempête de l'ouverture. Sont-ce là les matelots qui chantaient dans le danger ? Le capitaine est debout sur le rivage. Il maudit le mauvais temps, qui l'a rejeté à sept milles du port, au moment même où il allait revoir son pays. C'est un marin norvégien, un brave et solide vivant. Il y a de la bonne humeur dans sa colère. « L'orage touche à sa fin, compagnons ! dit-il aux hommes d'équipage ; reposez-vous, nous repartirons bientôt. » Le pilote veille seul. Il chante le *lied* du retour, un *lied* mélancolique et heureux à la fois ; c'est la convalescence de ce mal qu'on nomme le mal du pays. Quelquefois un coup de vent interrompt le chanteur, puis la rafale s'éloigne, et le pilote peu à peu s'endort en murmurant les derniers mots de sa chanson.

Alors retentit dans l'orchestre l'appel désespéré qui a traversé toute l'ouverture, et, au milieu de la tempête renouvelée, apparait un navire, aux voiles couleur de sang, qui jette l'ancre avec un bruit formidable.

Un homme descend à terre. C'est le Hollandais. Il est grave, morose, très pâle. C'est lui dont la voix surmontait l'ouragan. C'est l'antique blasphémateur condamné à errer sur la mer tant qu'il n'aura pas trouvé une femme fidèle jusqu'à la mort. C'est l'Ahasvérus de l'Océan. Oh ! que de fois il a vu sur les flots toujours pareils se lever et se coucher le même soleil ! Toujours la triste mer sous le ciel implacable. Il est le forçat qui a pour bagne l'infini. Tous les sept ans il descend un jour à terre pour chercher la fiancée constante ; mais que de fois les femmes, plus perfides que

les ondes, l'ont trompé ! Hélas ! il n'espère
plus. Ses douleurs, amassées pendant des
siècles, sont un poids qui l'écrase. « Oh !
qu'elle sonne enfin, la trompette de l'ar-
change ! que les mondes s'abiment enfin,
puisque je ne dois trouver le repos que
dans la mort universelle ! » Et du fond du
vaisseau spectral, aux voiles rouges, les
matelots, damnés comme leur capitaine, répètent sa funèbre invocation.

Mais voici que, cordial et jovial, Daland,
le marin de Norvège, souhaite la bienvenue
au Hollandais. Daland a une fille ; le désespéré se reprend à l'espoir. Toutes les jeunes
filles ne sont pas infidèles ; celle-ci l'aimera
peut-être. Il montre ses richesses au père
ébloui, et bientôt les deux navires s'éloignent de conserve vers le pays de Daland,
pendant que le pilote et les matelots norvé-

giens reprennent en chœur le *lied* mélancolique et heureux du retour.

C'est maintenant dans une salle basse,
aux murs de bois et dont le plafond montre
des poutres sculptées. Des fileuses chantent
en filant; mille rouets ronronnent dans
cette gracieuse mélodie. Mais Senta, la fille
de Daland, n'aime pas la chanson qui plait
à ses compagnes. Extatique, elle ne dé-
tourne pas les yeux d'un portrait accroché
à la muraille, et qui représente un homme
grave et morose, vêtu de noir. La chanson
qu'elle chante raconte la lamentable histoire du marin hollandais, condamné pour
un blasphème à errer sur la mer tant qu'il
n'aura pas trouvé une femme fidèle jusqu'à
la mort. Cette ballade fait frissonner. On
devine à l'émotion de Senta, pendant
qu'elle chante, qu'un désir inouï la harcèle

sans relâche. O exquise conception ! le soir,
devant le foyer paisible, elle, la jeune âme
ingénue, elle a songé toujours, pendant
que le vent de mer aboyait au dehors, elle
a songé à l'exilé de l'amour qui se lamente
dans la tempête ; elle voudrait, fût-ce au
prix de la vie, être la rédemptrice promise
au damné, et, parce qu'elle est un ange,
elle est dévorée de miséricorde pour le
démon. « Oh ! qu'il paraisse : c'est moi qui
l'aimerai fidèlement jusqu'à la mort ! » Ni
les railleries de ses compagnes, ni les reproches alarmés du chasseur Erick, son
fiancé, n'atténuent l'ardeur de son sublime
désir ; et, tout à coup, elle a poussé un
cri terrible, car le voici, en face d'elle, le
sinistre marin dont elle a cent fois contem-
plé le portrait suspendu à la muraille. —
Cette rencontre parmi le silence épouvanté

de l'orchestre, silence interrompu par de
sourds battements de cœurs oppressés, est
si puissamment pathétique que l'on sent,
immobile comme Senta elle-même, des
larmes d'angoisse vous venir aux yeux. —
Eh bien, elle ne renoncera pas à son des-
sein. Elle accepte l'époux que son père lui
offre, et, dans une admirable scène, elle
bénit le Hollandais agenouillé qui voit se
rouvrir le ciel dans les yeux angéliques de
Senta.

Dans un port, les deux navires sont à
l'ancre. Les matelots norvégiens dansent
et font bombance avec leurs amoureuses,
filles de mœurs peu farouches. Là se développe, joyeux et fortement rythmé, le
chœur que l'on a déjà entendu dans les
éclaircies de la tempête. Mais aucun chant
ne s'élève du vaisseau hollandais, et,

comme il n'y a rien de plus importun au
bruit et à la joie que la tristesse et le
silence, tous, matelots et filles, harcèlent
d'injures et de bons mots le repos des
marins damnés. Alors, brusquement, ceux-
ci se dressent, livides centenaires aux
longues barbes blanches ! Oh ! comme leur
cri sinistre domine tous les cris railleurs !
C'est en vain que les rires et les danses
veulent recommencer ; la peur fait chevro-
ter les voix et trembler les jambes, et toujours grossit le chœur lugubre, tant
enfin que, jetant à terre leurs verres à
demi vidés, les Norvégiens disparaissent
avec des gestes d'épouvante.

Cependant Erik poursuit Senta. Est-il
possible qu'elle l'abandonne pour épouser
un inconnu ? Ne se souvient-elle pas des
anciens serments, des premières amours ?

Hélas ! Senta aimait le chasseur Erik ; à la voix de son fiancé, elle sent se réveiller la tendresse qu'elle croyait morte : elle n'a pas le courage de retirer à Erik la main qu'il a si souvent pressée ; c'est en vain que la noble ambition du sacrifice la dévore ; elle se sent émue, vaincue, et quand le Hollandais entre brusquement, elle va se laisser tomber dans les bras de celui qu'elle aimait.

C'en est donc fait. Pas de rédemption possible pour le marin condamné ! Comme par tant d'autres, il a été trahi par la fille de Daland. « En mer ! en mer ! en mer ! et pour l'éternité ! » et les matelots du Vaisseau - Fantôme répondent par des cris funèbres au cri de leur capitaine. Les voiles rouges palpitent au vent, on lève l'ancre, il faut retourner, pour n'en plus sortir, dans la nuit, dans la tempête, dans l'enfer. Quels déchirements dans l'orchestre ! et comme l'orage, l'orage impitoyable, recommence avec fureur ! « Je suis damné ; sois sauvée ! » dit encore le noir capitaine, et laissant la foule épouvantée de son nom proclamé, il disparait en blasphémant.

Mais Senta le suivra ! Vainement son père, ses compagnes, Erick, la retiennent ; elle se délivre des étreintes, monte sur un rocher et se précipite dans les flots, en jetant au Hollandais ce cri rédempteur : « Je t'aime et je te suis fidèle jusqu'à la mort ! »

Alors s'abîme au loin dans la mer le vaisseau du damné, et bientôt on voit apparaitre dans les nues Senta et le Hollandais, couple transfiguré et glorieux, tandis que se déroule, plus éclatante, dans l'orchestre, la mélodie angélique du salut !

Tel est, dans sa simplicité poignante, ce drame musical, et nous n'avons pas même tenté — connaissant l'insuffisance de notre parole — d'exprimer les beautés poétiques et musicales dont il abonde. Il est enveloppé tout entier de ténèbres et de tempêtes ; il est lui-même comme un grand vaisseau battu sans fin par l'orage ; tous les vents de l'abime soufflent, toutes les voix des profondeurs mugissent dans ses sauvages harmonies, et l'âme du specta-teur se sent entrainée, roulée, dispersée dans les noires vagues de la mer. Nous n'ignorons pas que, depuis l'époque à la-quelle il écrivit le *Vaisseau-Fantôme*, Ri-chard Wagner a produit des œuvres plus parfaites, plus conformes dans toutes leurs parties à l'idée qui gouverna sa vie artis-tique ; mais le Hollandais et Senta sont deux conceptions qui n'ont pas été surpassées, et tout le drame se résume dans ces deux types surnaturels, l'un à force d'ombre, l'autre à force de lumière, et cependant si humains. Nous croyons sincèrement que, pour rencontrer dans une tragédie une telle hauteur de pensée, une telle simplicité de moyens, une telle intensité d'épouvante, il faudrait remonter aux plus nobles chefs-d'œuvre des grands tragiques grecs.

TANNHÆUSER

TANNHÆUSER

Je songe malgré moi aux représentations
de *Tannhæuser* à l'Académie impériale de
musique. Cris, sifflets, huées. Loges qui
s'insurgent, galeries qui se pâment de rire
derrière l'éventail, fauteuils d'orchestre
qui bondissent de colère. « D'où nous vient
celui-ci ? Quel est cet homme nouveau qui
prétend tout changer ? Quoi, pas une ca-
vatine ? Nous tenons spécialement aux rou-
lades, aux trilles, aux points d'orgue et
autres menus agréments. Nous voulons des
ballets, oh ! nous tenons absolument aux

ballets. Le drame lyrique ne peut bien
marcher que grâce aux jambes des dan-
seuses. De jolies jambes, et entre temps,
quelques thèmes bien carrés, bien faciles
à retenir, voilà ce qu'il nous faut. Ah ! ah !
monsieur, un drame qui a la prétention
d'être un drame, d'émouvoir, de violenter
même les sens et l'esprit ! Vous avouerez,
monsieur, que cela est le comble de la bouffonnerie ! » Et, grandissant de scène en
scène, d'acte en acte, interrompant l'action,
désorientant l'orchestre, épouvantant les
comédiens, les clameurs de la foule hostile
qui avait ri, glapi et hurlé devant même que
la toile fût levée, produisaient un immense
charivari continu que ne parvenaient à dominer ni les sonorités les plus aiguës des
violons, ni la voix pleine de Morelli resté
paisible, ni les cris passionnés de la cou-

rageuse Marie Sass. O Béotie des Athéniens ! On donnait au monde artistique le triste spectacle d'un acharnement sans motif et sans excuse, et sous le prétexte de juger un opéra on insultait çà et là des femmes. Je me revois dans un coin de la salle, frémissant d'indignation, — car les concerts de Richard Wagner, au théâtre des Italiens, m'avaient déjà conquis à ce qu'on appelait alors la musique de l'avenir, — essayant d'imposer silence à mes voisins, et, quand la tempête se calmait un instant, saisissant dans l'orchestre et sur la scène d'incomparables beautés musicales et poétiques. A quelques stalles de la mienne était assis Charles Baudelaire. Du regard nous nous disions quelquefois l'un à l'autre tout ce que nous inspirait de colère et aussi de pitié la rage démente de la foule. Mais lui, plus accou-

tumé que je ne l'étais alors aux injustices
artistiques, affectait de ne pas laisser voir
l'indignation qui lui gonflait la poitrine, et,
silencieux dans le bruit, immobile dans le
tohu-bohu, l'œil à peine allumé, il se main-
tenait dans une irréprochable attitude de
dédain.

Ces tristes soirées sont loin. L'œuvre
triomphante a survécu aux attaques de ses
ennemis oubliés. C'est d'elle seule que nous
nous occuperons ici.

Comme celle du *Vaisseau-Fantôme*,
comme celle des *Maîtres Chanteurs*, l'ouverture de *Tannhæuser* est une ouver-
ture-argument. Nous voulons dire qu'elle
donne d'avance un résumé de toute l'action.
Ceux qui connaissent le sujet du drame
reconnaissent ; ceux qui l'ignorent pres-
sentent. « Richard Wagner, dit Édouard

Schuré, qu'il faudrait souvent citer, a poussé au dernier degré d'intensité ce qu'on pourrait appeler la symphonie dramatique, inaugurée par Gluck dans l'ouverture d'*Iphigénie en Aulide*, continuée par Beethoven dans celle de *Léonore* et par Weber dans celle de *Freyschütz*. »

D'abord émane des profondeurs de l'orchestre un chant religieux et grave. Il s'efforce, il désire, il monte, il a parfois la langueur d'une plainte et parfois l'ardeur d'une extase. Il s'enfle, il s'élève de plus en plus vers le ciel pacifique et glorieux. Le *De profundis* s'achève en *Hosannah*. Vainement les sonorités obstinées des violons l'enveloppent, éveillant l'idée d'un brouillard crépusculaire plein d'apparitions haineuses ; il triomphe des pièges, domine les ténèbres et, le jour étant venu, se développe dans une immense plénitude ! Mais lentement il s'éloigne, s'atténue, s'évanouit dans la clarté diffuse, et voici soudainement un cri étrange, furtif, amer, qui perce et déchire. Il est clair et jaillit d'une ombre frissonnante ; des échos souterrains le répètent. Il s'y mêle des appels inquiétants, pleins d'insistances langoureuses, et qui nous entraînent vers un monde inconnu, lointain, diabolique peut-être, surnaturel à coup sûr. Puis, parmi des cris de joie, après des soupirs d'extase poignants comme des râles d'agonie, et qui rappellent ce vers cruel :

> Des plaisirs plus aigus que la glace et le fer,

parmi des rythmes onduleux comme des formes féminines, et enlaçants comme

des bras, éclate avec une farouche vigueur ce chant forcené que Charles Baudelaire appelait « le cri du damné exultant dans la damnation » ! Nous sommes
bien dans l'enfer en effet, dans un enfer
étrange, où l'homme est supplicié par
l'excès de la volupté. Il voudrait en sortir,
s'enfuir vers la vie, dût-il souffrir, dût-il
mourir. Mais les caresses infinies de l'a-
mour se resserrent autour de lui, plus
douces et plus fortes. Il y a en ce moment
dans l'orchestre des phrases mélodiques qui
s'enroulent comme des liens ; les râles de
la joie redoublent, les formes apparues dans
les rythmes se font plus onduleuses, les
bras sont plus enlaçants ; le captif ne sera
point délivré ! Cependant la crépitation crépusculaire des violons s'étend sur l'enfer.
Un chant grave et religieux écarte les té-

nèbres, repousse les enchantements épars
de la nuit. Il s'efforce, il désire, il a parfois
la langueur d'une plainte, et parfois l'ardeur
d'une extase. Il s'enfle et s'élève de plus en
plus vers le ciel pacifique et glorieux. Mais
cette fois on sent que dans son triomphe il
emporte avec lui toutes les âmes, avec
toutes leurs ivresses et tous leurs désespoirs, que les enfers extasiés le suivent
et l'adorent ; et cette mélodie sublime, profonde et pure, n'a plus de bornes et se répand universellement sur l'homme et sur le
monde, pareille, à un déluge paisible et salutaire.

Or, le chevalier Tannhæuser s'est laissé
prendre aux charmes de la Vénus diabolique. Il est entré dans le Vénusberg. Il
écoute les chants et contemple les danses
des nymphes charmeresses. Il est le prison-

nier de son mauvais rêve réalisé. Un chant de cloche au loin lui rappelle que sur la terre ses semblables vivent et prient. Hélas ! c'est vainement qu'il voudrait s'enfuir et redevenir homme, être heureux et malheureux comme les autres hommes ; la dangereuse déesse le possède et le garde. « Tu es dieu ! » c'est-à-dire damné. Et pour retenir Tannhæuser, toutes les ruses libertines de la tentation, toutes les menaces de la puissance infernale l'enveloppent d'un réseau de mélodies délicieuses ou terribles. Mais dans un vague espoir de salut, il prononce le nom sacré qui fait fuir les ténèbres infernales et écarte les apparitions nocturnes : il se retrouve étendu sur la terre dans la solitude d'une vallée.

Ce chant qui vient de loin, où se mêlent les sonneries légères qu'égrènent les clo-

chettes des troupeaux et tous les bruits frais
de l'aurore, ce chant qui s'efforce, qui désire, qui monte, comme on le reconnaît
tout de suite ! Les pèlerins vont à Rome,
cherchant à mériter, par l'austérité et la
macération, le pardon de leurs fautes. Leur
hymne, c'est le pardon lui-même, pressenti.
Ils vont, ils passent, laissant derrière eux
un écho qui contient l'espoir du salut.
« Priez pour moi ! » dit un jeune pâtre
dont le *lied* printanier s'est mêlé à la naissance du jour, et Tannhæuser s'écrie :
« Seigneur, prenez pitié de moi ! »

Un air de chasse parcourt la forêt, mystérieux comme la forêt elle-même, allègre
aussi, comme la chasse matinale. Voici
venir le landgrave Herman et les chevaliers chanteurs. Ils reconnaissent Tannhæuser qui triompha si souvent dans les tour-

nois poétiques et dont le souvenir est resté vivant dans le cœur d'Élisabeth ! Ce nom prononcé par Wolfram dans une lente et tendre exhortation réveille le passé chaste au fond de l'âme de Tannhæuser ; il veut revoir la nièce du landgrave, la jeune sainte qui se plait aux chants des poètes ; l'acte s'achève dans un ensemble glorieux et serein.

Tannhæuser va reparaitre. Élisabeth l'attend. Comme tout vit, comme tout est joyeux maintenant dans cette vaste salle de la Wartburg, si longtemps solitaire ! La mélodie jaillit en fusées de l'orchestre qui pétille. Sur un rythme pompeux s'avancent les vaisseaux du landgrave. On connait cette marche. Les dames et les seigneurs s'assoient, somptueux et calmes, autour du trône où Élisabeth siège à côté du landgrave, et les chevaliers-poètes, les doigts sur les cordes de la harpe, les yeux levés vers le ciel, célèbrent tour à tour l'amour candide, céleste, victorieux. Tannhæuser, que prennent à la gorge les souvenirs des coupables ivresses, ne peut pas supporter sans rébellion la fadeur de ces hymnes. « Non ! non, tel n'est pas l'amour ! Sa flamme n'a rien de commun avec celle des cierges qui se consument dans les églises froides. Il ne vit pas dans l'âme seule, il embrase et maîtrise les sens. L'amour, le véritable amour m'a été enseigné au Vénusberg par Vénus elle-même ! » C'est ainsi que, dans un chant où se retrouve l'hymne infernal entendu dans l'ouverture, l'amant de la diabolique déesse confesse sa damnation. Alors les femmes épouvantées s'enfuient, et les hommes tirent le glaive contre

celui qui s'est évadé de l'enfer. Seule, Élisabeth, dans son amour miséricordieux,
protège le coupable. Sa voix, conseillère du
pardon, domine les clameurs de haine et
les cliquetis d'épée! Oh! quelles paroles
exprimeraient la douceur de cette plainte
par laquelle la vierge vient en aide au
damné. Le landgrave s'apaise. « Il est des
pécheurs qui vont à Rome cherchant à
mériter par l'austérité et la macération le
pardon de leurs fautes ; suis-les, chevalier
Tannhæuser, et que Dieu t'accorde le repentir ! » Et au loin s'élève le chant consolateur des pèlerins.

Il est parti. Reviendra-t-il absous ?
Dans la vallée, à l'heure où le soir monte,
Élisabeth attend le retour du criminel. Age-
nouillée devant une image de la mère de
Dieu, elle attend, et voit revenir de Rome

les pèlerins que Tannhæuser a suivis. Lui
seul n'est pas de retour, lui seul n'a pas été
pardonné : le cœur de la femme se brise,
mais l'âme de la sainte s'élève à Dieu, dans
une extatique prière, et Élisabeth monte la
colline, la colline qui se perd dans le ciel,
au moment même où apparaît l'étoile que
Wolfram contemple du fond de la vallée
solitaire.

Tannhæuser n'a pas été absous, mais
il est revenu. Avec quelle sinistre amertume
le pèlerin damné raconte son voyage et ré-
pète les paroles cruelles de celui qui tient
la place de Dieu : « De même qu'un arbre
mort ne porte plus de feuilles vertes, ainsi
ton âme ne refleurira pas dans le ciel à
jamais perdu ! » Eh bien, si le ciel lui
échappe, qu'il ait l'enfer, du moins ! Vénus !
Vénus ! il appelle la sinistre enchanteresse.

Il veut rentrer dans le Vénusberg. Il veut écouter les chants, contempler les danses des nymphes dans la nuit souterraine. Et Vénus lui apparait ! « Viens ! viens ! dit - elle , mon amour t'attend , mes bras s'ouvrent pour te recevoir repentant et heureux ; viens, car je pardonne, moi ! »

C'est ainsi que Tannhæuser va se plonger dans la joie funèbre de la damnation, lorsque disparaissent, chassés par une puissance supérieure, les visions infernales. Élisabeth est morte ! elle a prié Dieu pour le coupable, Dieu a été plus clément que celui qui tient ici-bas sa place ; les rameaux desséchés se couvrent de feuilles vertes, et, sauvé malgré lui, Tannhæuser s'agenouille devant la morte, pendant que s'élève, entonné par toutes les voix, le chant des pèlerins ; et cette fois, on sent que dans son triomphe il emporte avec lui toutes les âmes avec toutes leurs ivresses et tous leurs désespoirs, que les enfers extasiés le suivent et l'adorent ; et cette mélodie sublime, profonde et pure, n'a plus de bornes, et se répand universellement sur l'homme et sur le monde, pareille à un déluge paisible et salutaire.

C'est ainsi que dans ce drame, sans que l'action un instant s'attarde, sont représentés, par les puissances unies de la poésie et de la musique, la querelle éternelle de l'âme avec les sens, et enfin, le triomphe définitif du ciel, c'est-à-dire de l'esprit, sur l'enfer, c'est-à-dire sur la matière, ou peut-être, à un point de vue plus vaste, l'absorption de toutes les créatures pardonnées dans la rédemption universelle.

Cependant, malgré la magnificence du poème et la sublimité de la musique, nous ne placerons pas *Tannhæuser* au premier rang parmi les œuvres de Richard Wagner. Il nous parait visible qu'à l'heure où il écrivit ce drame le poète-musicien ne s'était pas encore rendu maître absolu de sa double inspiration poétique et musicale. Quelquefois, assez rarement il est vrai, *Tannhæuser* nous émeut par la beauté des vers ou par la beauté de la mélodie, plutôt que par la puissance dramatique de leur union. En outre, il faut signaler quelques défauts : la conception de la Vénus diabolique n'avait pas été, d'abord, assez largement développée, et Richard Wagner, plus tard, a dû remanier cette partie de son œuvre ; quelques italianismes, souvenirs persistants des admirations anciennes,

déparent le finale du premier acte et surtout
la scène du second acte entre Tannhæuser
et Élisabeth, scène qui est souvent sur le
point de dégénérer en duo ; enfin — disons-le au risque de passer pour plus Wagnériste que Wagner lui-même — la romance de *l'Étoile*, toute délicieuse qu'elle
est, n'en est pas moins une romance, qui
pourrait être détachée sans inconvénient du
reste de l'ouvrage, et que l'on pourrait chanter au piano dans les salons, entre une valse
et un quadrille ! Mais ces taches sont peu
nombreuses, et ne se révèlent qu'à un exa-
men sévère. Enivré de musique et de
poésie, absorbé dans l'admiration de ces
trois caractères si puissamment tracés :
Tannhæuser, Élisabeth, Wolfram, en-
traîné dans la rapidité de l'action, pris aux
entrailles par les passions qui la préci-

pitent, le spectateur ne sent pas une minute
son émotion s'interrompre, et se réjouit,
le rideau baissé, dans un enthousiasme
sans trouble.

LOHENGRIN

LOHENGRIN

Le prélude de *Lohengrin!* Jamais, depuis que l'art humain tente d'exprimer l'inexprimable, jamais encore il n'avait réalisé une aussi parfaite, une aussi délicieuse manifestation de l'immatériel. Listz, Charles Baudelaire, Villiers de l'Isle-Adam, d'autres écrivains non moins subtils, ont essayé de traduire ce prélude dans la parole écrite, mais, si belles que soient les pages qu'ils ont publiées, combien ils sont demeurés au-dessous de leur admirable sujet! Nulle prose, nulle poésie même, ne saurait atteindre à la hauteur de cette nuée mélodieuse où passent des volées sonores d'anges aux ailes de cygne, et que déchire un instant,

Comme un chœur de clairons éclatant à l'aurore,

la splendeur rapprochée des célestes messagers.

Puis la toile se lève. On voit une prairie au bord de l'Escaut. Devant Henri l'Oiseleur, devant la foule des seigneurs brabançons et saxons, Elsa est accusée d'avoir donné la mort à son jeune frère, accusée par Frédérick, comte de Telramund. Qui la défendra, innocente et faible ? Un chevalier qu'elle a vu dans un rêve. « Dans l'éclat d'une armure étincelante, un héros vint vers moi. Jamais on n'a vu encore un homme briller d'une vertu aussi pure. Une trompe d'or suspendue à ses reins, il était appuyé sur une épée d'argent. D'un air res-

pectueux, il m'adresse une consolation.
C'est sur ce chevalier que je me repose, il
sera mon défenseur ! » Elsa se tait, extatique, et voici que tout à coup la foule
s'élance vers le rivage, épouvantée et ravie
d'un miracle. « Voyez-vous ! voyez-vous !
l'admirable prodige ! c'est un cygne ! un
cygne qui tire une nacelle ! Un chevalier
est debout dans la nacelle ! De quel éclat
reluit son armure ! l'œil est ébloui de cette
lumière ! Voyez-vous ? il approche. Le
cygne est attaché par une chaine d'or. »
Ainsi, dans un chœur où se mêle, clairement
formulé par l'orchestre, le pressentiment
d'une victoire prochaine, ainsi s'écrient les
seigneurs brabançons, pendant que Lohengrin aborde aux rives de l'Escaut. Lohengrin est accouru pour défendre Elsa de
Brabant. Durant les premiers vers qu'il

prononce, les voix et les instruments se taisent, afin que les spectateurs puissent nettement entendre et ne jamais oublier cette phrase céleste : « Maintenant, mon cygne aimé, grâces te soient rendues ! Retourne à travers l'onde lointaine aux lieux d'où m'apporta la nacelle ; ne reviens que pour notre bonheur. Adieu ! adieu ! cygne chéri ! » Oh ! quels mots pourraient dire l'ineffable mélodie du chœur qui, lentement, tendrement, succède à cet adieu, et qui est comme la reconnaissance ravie, par toute une foule touchée de la grâce, de la nature angélique du miraculeux chevalier. Puis Lohengrin tourne les yeux vers Elsa, qui le regarde, heureuse.

— Parle, Elsa de Brabant ! Si je te suis choisi pour champion, veux-tu te fier, sans craindre et sans frémir, à ma défense ?

Elsa s'agenouille, subjuguée par un ascendant divin.

— Mon héros ! mon sauveur ! emmène-moi ! je te donne tout ce que je suis.

— Si je remporte pour toi la victoire, veux-tu que je sois ton époux ?

— Regarde, me voici à tes pieds ; je m'abandonne à toi ; mon âme et mon corps t'appartiennent.

— Elsa, si tu veux que je m'appelle ton époux, que je défende ta terre et tes sujets, et que rien ne me sépare plus de toi, il faut que tu me fasses une promesse : jamais tu ne chercheras à savoir ni de quelles contrées j'arrive, ni quel est mon nom, ni quelle est ma nature.

— Jamais, seigneur, tu n'entendras de moi cette question.

— Elsa, je t'aime !

Hélas ! que l'analyse est vaine, et comme il parait froid, ce dialogue mal traduit en prose française, dépouillé du double enchantement de la poésie et de la musique ! Le plus incolore des mots que vous venez de lire ressuscite dans ma mémoire d'adorables émotions ; j'entends encore le thème indulgent et ferme à la fois sur lequel Lohengrin défend à Elsa de lui demander le nom qu'il porte. Que puis-je faire ? La parole seulement parlée est impuissante à révéler les charmes de la parole mélodique. L'inexprimable ne peut être exprimé que par soi-même. Si vous voulez comprendre et croire, il n'y a qu'un moyen, allez entendre *Lohengrin*.

Cependant, puisque l'occasion s'en présente ici, j'essaierai d'indiquer selon quel système Richard Wagner combine l'exposition de ses drames musicaux.

Après avoir, par un prélude, transporté les spectateurs dans la sphère idéale ou réelle qui sera le milieu de l'action, ou, par une ouverture, indiqué les principaux éléments du drame, il prend soin d'établir les caractères. Établir des caractères par la musique, cela est-il possible ? Par la musique seule, non. La musique, qui souligne, commente, développe, ne saurait en aucun cas être précise comme la parole. Ceux-là se sont trompés, volontairement ou involontairement, qui ont attribué à Richard Wagner la prétention de peindre par la note et le rythme livrés à eux-mêmes tel ou tel sentiment, tel ou tel objet. Mais établir des caractères, exprimer des passions, par la musique mariée à la poésie, cela n'est que difficile, et les besognes mal-aisées tentent les grands esprits. Si com-

plexe que soit l'âme d'un être humain, elle
peut être révélée d'une manière générale
en quelques mots, pourvu qu'ils soient
suffisamment quintessenciés. Trouver et
grouper ces mots selon le rythme du vers,
c'est l'affaire du poète; à la phrase parlée
unir une phrase mélodique qui lui soit parfaitement appropriée et en redouble l'effet,
c'est l'affaire du musicien. Richard
Wagner est un grand poète et un grand
musicien. De là, si nombreux dans son
œuvre, d'admirables thèmes, expression
musicale des idées poétiques qu'ils accom-
pagnent. Dès que les principaux personnages du drame wagnérien sont entrés en
scène, accueillis par les sonorités de l'orchestre, dès qu'ils ont prononcé quelques
paroles corroborées par quelques notes, le
spectateur pourra désormais les suivre,

même absents, à travers l'œuvre tout entière, car il a dans l'oreille et reconnaîtra
partout la mélodie spéciale qui les dis-
tingue et les explique. Elle s'est montrée
d'abord secourue par la poésie, mais, quand
le sens qu'elle représente sera suffisamment compris et lié à elle, elle pourra se
faire entendre seule, augmentée, diminuée,
transformée même, selon les éventualités
du drame, et quelquefois un lambeau de
phrase, quelquefois même une seule note
vaguement rappelée par un seul instrument, suffiront à rendre à l'auditoire un
monde d'impressions antérieures. Le parti
que peut tirer le drame lyrique de ces
retours brefs et saisissants vers les caractères et les sentiments fondamentaux de
l'œuvre, on peut, même d'après cette brève
explication, le concevoir ; mais, ce qu'on ne

peut imaginer, à moins d'avoir entendu *Lohengrin* ou *Tristan et Iseult*, c'est l'emploi merveilleux que fait Richard Wagner de ce moyen créé par lui ; c'est son art de faire reparaître dans l'orchestre les diverses mélodies-types, de les y fondre de façon que, très personnelles, très reconnaissables, elles n'interrompent jamais cependant la mélodie symphonique, continue, de cet orchestre ; c'est la prodigieuse émotion qui envahit l'âme lorsque, à certains moments de l'action, les thèmes s'entrelacent ou se heurtent dans les sonorités instrumentales ou chorales, en même temps que se compliquent sur la scène les mouvements tragiques dont ils sont la trame intime, toujours visible.

Ceci dit, revenons à *Lohengrin*. Après une simple et puissante prière adressée au ciel par l'empereur d'Allemagne, le champion d'Elsa combat Frédérick de Telramund. La vigueur des cuivres scande les alternatives de la lutte. Frédérick tombe ; Lohengrin lui fait grâce de la vie, et alors éclate, lancé par Elsa et les cent voix du chœur, le plus fougueux, le plus irrésistible cri de victoire qui ait jamais été poussé par des poitrines humaines. Le génie même de Richard Wagner étant donné, on se demande comment il se peut qu'un homme ait atteint la hauteur d'inspiration et de science qui fait de ce finale un incomparable chef-d'œuvre.

Quand la toile se lève pour la seconde fois, la nuit règne dans l'intérieur du burg d'Anvers. Derrière quelques fenêtres éclairées, un festin célèbre la victoire de Lohengrin ; sur les marches de l'église sont assis

Frédérick et sa femme Ortrude, la magicienne scandinave. Vaincus par le jugement de Dieu, ils songent en silence. Oh ! qu'elle est douloureuse et haineuse, la rumeur des violoncelles qui accompagne leur rêverie, et où par instants se font jour le thème sur lequel Lohengrin défendit à Elsa de jamais l'interroger, et la mélodie du prélude, qui est la gloire angélique du mystérieux chevalier.

— Debout, compagne de ma honte ! dit enfin le comte de Telramund ; le jour nouveau ne doit pas nous voir ici.

— Je ne puis partir. Je suis enchaînée ici. Laisse-moi sucer, aux splendeurs de leur fête, un poison redoutable qui termine notre honte et leurs joies.

— Hélas ! Dieu nous a condamnés !

— Dieu ! c'est ta lâcheté que tu appelles Dieu !

— Comme ce nom résonne affreusement dans ta bouche !

Et le dialogue, — une des plus tragiques scènes de l'œuvre wagnérienne, — se prolonge, plein de rage et de remords, jusqu'à l'heure où, dans les parfums de la nuit, apparait au balcon Elsa innocente et heureuse. Oh ! cette voix dans les ombres charmées pendant que les deux misérables guettent leur douce proie et qu'Ortrude, effrayante, s'écrie : « O dieux chassés par le Dieu nouveau, par l'homme crucifié ! dieux profanes ! portez secours à ma vengeance. Wotan, je t'invoque, dieu fort ! Freya, déesse auguste, entends ma voix ! Bénissez en moi l'hypocrisie et le mensonge, afin que ma vengeance soit heureuse ! »

Puis le drame se développe. Par miséricorde, Elsa accueille Ortrude, qui lui insuffle le poison d'une curiosité fatale. Mais la magicienne a cru en vain qu'elle pourrait toujours ramper et feindre ; sa fureur crève son hypocrisie. Lorsque, le jour étant venu, elle s'achemine, à la suite d'Elsa, vers l'église, elle ne peut souffrir d'être mêlée à des servantes, et elle s'abandonne à de formidables imprécations ; Frédérick bientôt se joint à elle, et leurs voix blasphématoires mêlées aux plaintes épouvantées d'Elsa, au chant angélique de Lohengrin, aux graves paroles du Roi, aux étonnements et aux colères du chœur, forment l'admirable et tragique ensemble qui termine le second acte.

Joyeux, clair, vivace, l'orchestre se réveille. Cette introduction, c'est le chant des fiançailles joyeuses. En s'achevant, il se lie au chœur des jeunes gens et des jeunes filles qui conduisent Elsa et Lohengrin

dans la chambre nuptiale, doucement éclai-
rée, puis les voix, à leur tour, si jeunes, si
fraîches, si tendres, s'éloignent et s'é-
teignent, les nouveaux époux sont seuls
pour la première fois. Ne cherchez pas dans
leurs épanchements l'amour cruellement
langoureux qui attache Tannhæuser à
Vénus, ou la passion sanglotante d'Iseult
pour Tristan. L'union douce de deux âmes,
l'hymen de deux candeurs, l'une céleste,
l'autre terrestre, mais presque céleste à
force de pureté, la fusion de deux anges en
un seul ange, telle est cette nuit de noces.
Si beaux, si chastes, ils chantent comme on
prie, et leurs cœurs sont des lyres vierges.

Mais le perfide conseil d'Ortrude s'est
glissé, tentateur, dans l'esprit d'Elsa. Elle
voudrait connaitre le nom, la nature, la
patrie du héros qu'elle embrasse. En vain

Lohengrin s'efforce de la détourner d'une pensée périlleuse ; elle ne peut plus résister à son désir ; elle prononce la question fatale. Au même instant, Frédéric, caché derrière un rideau de la chambre nuptiale, s'élance et croit surprendre son miraculeux vainqueur ; celui-ci, saisissant l'épée que lui présente Elsa, frappe le traître, qui blasphème et meurt. Quant à l'épouse curieuse, c'est fait de son bonheur ! « Pour la conduire devant le roi, parez Elsa ma douce épouse ! là, je veux lui répondre et lui faire connaître qui je suis ! »

Comme au premier acte, les seigneurs brabançons et saxons sont réunis devant le fauteuil de fer de Henri l'Oiseleur. Lohengrin s'approche et dit, pendant que l'orchestre rappelle la mélodie du divin prélude : « Dans une terre éloignée, inaccessible à vos pas, il est un burg nommé Montsalvat. Un temple lumineux s'élève au milieu, un temple précieux auquel la terre n'a rien de comparable. Dans ce temple est gardé, comme le Saint des saints, un vase auguste et merveilleux ; il recueillit le sang tombé des plaies de Jésus ; il fut apporté sur terre par les anges pour être confié aux soins des plus purs parmi les hommes ; c'est le Graal ! Quiconque est choisi pour le servir est aussitôt revêtu d'une puissance surnaturelle ; mais telle est la nature sublime de cette puissance que, dévoilée, elle fuit aussitôt les regards profanes. Je vous ai été envoyé par le Graal ; mon père, Parcival, porte sa couronne, et moi, son chevalier, j'ai pour nom Lohengrin ! »

Donc le chevalier doit partir. Cette Elsa qui a douté de lui, mais qu'il adore, il doit

la quitter. Quelle plume pourrait raconter
les adieux de Lohengrin à Elsa, les larmes
de cet ange sur cette jeune fille veuve avant
d'être épouse ? « Elsa, qu'as-tu fait ? Maintenant, hélas ! il faut me séparer de toi à
jamais ! » Et voici que le cygne est revenu !
il est temps de partir. Le Graal s'irrite.
« O Elsa ! une année seulement j'aurais
voulu rester auprès de toi ! » Inutiles re-
grets. Il s'éloigne dans la nacelle miracu-
leuse, vainement rappelé par l'épouse,
accompagné des prières de la foule, poursuivi des imprécations d'Ortrude, et le
thème angélique du prélude, traversé des
cris d'Elsa, reparaît dans l'orchestre, plus
élevé, plus clair, plus immatériel, — et si
triste à présent ! — pendant que le chevalier Graal s'en retourne vers les splendeurs
mystérieuses de Montsalvat.

TRISTAN ET ISEULT

TRISTAN ET ISEULT

Une douloureuse tension de tous les sens vers un bonheur qui épouvante à force d'être surhumain ; un désir qui se dévore soi-même dans le désespoir de sa vanité ; des efforts cent fois trompés ; des recrudescences d'amer espoir, des bras affamés d'embrassements, et qui retombent rompus de lassitude ; des élans qui rebondissent en arrière comme une balle contre un mur ; des exaltations vers de sublimes hauteurs, rejetées dans des abîmes ; des commencements de chants, qui se torsionnent en cris ; en

un mot, tout le vouloir de la passion
humaine, déshérité de pouvoir, voilà ce
qu'exprime, dans son déroulement qui se
hausse avec angoisse et s'abaisse avec une
pénible lenteur pour se relever encore et
encore et toujours, le prélude sanglotant de
TRISTAN ET ISEULT.

Le héros de Cornouailles et la magicienne d'Irlande sont montés sur le beau
navire. La clémence ironique de la mer et
du vent les conduit vers le roi Mark. Iseult
doit épouser le roi, et c'est Tristan qui
la mène. Inquiets, mordus déjà par les
angoisses futures, ils se redoutent l'un
l'autre, ils se fuient; il leur semble qu'ils
se haïssent. L'épouvante de s'aimer est le
commencement de leur amour. Ils ont à la
fois la peur d'une ivresse qui serait plus
terrible que la mort, et l'inconscient désir

d'une mort où toutes les ivresses seraient fondues. Les vagues roulent, mélodieusement rythmées ; un mousse, là-haut, chante à la cime du mât, et sa voix est peut-être la plainte d'un souffle venu de loin, dans les plis soyeux du pavillon. C'est dans ce calme que se déchaîne la tempête de leur âme. « Qu'il vienne, ce Tristan ! Un jour que, blessé, il dormait, j'aurais pu venger sur lui le meurtre de Morold. Hélas ! éveillé à ce moment, il m'a regardée dans les yeux, et je n'ai pas osé lever l'épée. Pourquoi n'ai-je pas osé le tuer ? Ah ! qu'il vienne, et qu'il me rende hommage puisqu'il est le vassal du roi qui sera mon époux ! Dis-lui qu'il se hâte, Brangæne. C'est la mort que je veux boire avec lui dans le breuvage de la réconciliation. » Il vient en effet. Ils se regardent l'un l'autre

avec des regards qui n'osent pas se rencontrer; ils se parlent avec des paroles amères,
(oh! comme leurs voix un jour seront
douces!) et, nerveux, crispés, gênés d'un
incompréhensible malaise, brûlés du besoin
de lui échapper, et d'en finir, d'en finir à
tout prix, ils boivent tous deux dans la
coupe où Iseult pense qu'elle a versé la fin
de sa torture, où Tristan devine la mort.
Autour d'eux, tout est charme, azur transparent, mer ensoleillée; ils se sentent
un instant comme apaisés de mourir au
milieu de toute la nature heureuse.

Mais, au lieu du breuvage de mort, ils
ont bu le philtre d'amour, que Brangæne
lui a substitué. « Iseult! » chante Tristan
comme au sortir d'un rêve. « Tristan! »
soupire Iseult. Ah! maintenant que le vent
souffle sa plainte dans les toiles et que le

mousse, à la cime du mât, mêle au vent sa chanson ; que les matelots qui carguent les voiles rythment de cris brefs leur besogne, au milieu du grand bruit joyeux de la mer sereine : ils ne voient plus rien, ils n'entendent plus rien, ou plutôt ils voient tout, ils entendent tout, mais elle en lui et lui en elle. Ils s'isolent, extasiés, dans l'indissoluble joie de s'appartenir. Comme il déroule largement ses anneaux, le serpent mélodique du thème de l'amour ! Comme il les enlace, les enveloppe dans des caresses qui, plus étroites, les étoufferaient et leur feraient rendre l'âme, ô délices ! dans la bouche l'un de l'autre ! — Quelles sont ces clameurs cependant ? Pourquoi ce tumulte et cette foule en joie qui se groupe ? De quel roi célèbre-t-on l'arrivée ? « Jetez l'ancre, voici le port! » O réveil fatal ! Brusque intrusion de la réalité dans le rêve ! Le glas qui se lamenterait de leur agonie leur serait moins sinistre que ces chants et ces cris de fête ; c'est en Cornouailles qu'on arrive ; c'est le roi Marck qui s'approche, l'époux, hélas ! d'Iseult, et voici qu'ils doivent s'éloigner l'un de l'autre, contemplant avec les yeux fixes de l'épouvante l'espace qui s'agrandit entre leurs bras désenlacés et toujours tendus !

C'est la nuit. Le jour a été bien long, le jour qui la sépare de Tristan ! Elle ne veut pas entendre les conseils alarmés de Brangœne. Le roi Mark chasse dans la forêt avec ses compagnons ; entendez-vous les cors qui sonnent, piquant çà et là de notes lumineuses le ténébreux silence des profondeurs ? Des flambeaux vagues passent

et disparaissent derrière les noirs feuillages ; des galops retentissent sourdement,
étouffés par l'épaisseur des mousses ; la
chasse, plus lointaine, se disperse, s'éteint,
se tait. Que pourrait craindre Iseult ? Elle
va éteindre la torche, ce dernier reste de la
lumière détestée, et Tristan, à ce signal,
accourra vers elle et l'embrassera dans la
complicité des ombres. Le voici ! Ils s'é-
treignent avec fureur. Ils sont si près l'un
de l'autre que l'obscurité, en les envelop-
pant, ne croit cacher qu'un seul être. O nuit
bénie ! délicieuses ténèbres ! ils ne se verraient pas, s'ils ne se voyaient qu'avec les
yeux. Ils se parlent si bas, qu'ils ne s'en-
tendraient pas s'ils ne s'entendaient qu'avec
les oreilles. Et ce que leurs bouches pro-
fèrent, ce sont les mots entrecoupés du
désir qui meurt et renaît, les soupirs de l'a-

bandonnement dans l'extase. Trop charmés, alanguis, ils s'affaissent. Ils répètent lon- guement leurs noms. Quelles plus douces paroles inventeraient leurs lèvres ? Puérils à force de joie, ils sont contents de ces deux noms rapprochés, Tristan et Iseult ; cela leur suffit. « Tristan et Iseult ! » Mais quoi, ces deux noms, une syllabe les sépare ? Il y a quelque chose entre Tristan *et* Iseult ! Ces deux lettres forment une barrière odieuse ; ce n'est pas Tristan et Iseult qu'il faut dire, c'est Tristan - Iseult. O raffinements maladifs d'un amour que la possession même n'a pas satisfait ! Et tou- jours plus avant, avec des plaintes de bonheur, avec des bégaiements d'ivresse, hors de toute lumière, hors de toute exis- tence, ils s'enfoncent, ils se roulent dans la profondeur de la nuit. Comme le Solitaire des forêts de l'Inde veut que sa vie éparse se dissémine dans l'abime du Rien, ils se perdent dans le Nirvana de l'amour, et déjà, ayant cessé d'être, n'ayant plus de leur amour qu'une vague notion délicieuse, ils se fondent dans leur âme commune qui leur semble, immense et obscure, l'âme universelle du monde. — Brusquement, des flambeaux et des cris ! Le traître Melot les a pris au piège, et le roi Mark, averti, les surprend. Eux, pareils à des somnambules mal réveillés, ne savent pas ce que c'est que cette lumière et ne comprennent pas ce qu'on leur veut avec ce bruit et ces reproches. « Au pays de Tristan, aucun soleil ne luit ; veux-tu me suivre, Iseult, dans la ténébreuse patrie où l'on naît pour la mort ? » Cependant, un outrage de Melot a fait bondir Tristan. Il s'est jeté, sans la voir, sur l'épée du traître, et ne comprenant pas encore, ne sachant pas pourquoi son sang coule, heureux comme si sa vie coulait pour Iseult, il défaille, mourant, dans les bras de son éternelle sœur.

Au pays de Cornouailles s'isole la demeure désolée des aïeux. « Hélas ! » dit la phrase sans fin prolongée du prélude, « comme la morne mer s'étend devant la solitude du château, et, déserte, lointaine, fuit ! » Le chalumeau mélancolique d'un pâtre assis sur un créneau éveille Tristan qui sommeillait, blessé, sous un pommier de la cour. « Courage, maître ! » dit l'écuyer Kurwenal, « tu rentreras dans les aventures, et tu souriras dans les batailles ! » Mais lui, c'était à Iseult qu'endormi il rêvait, c'est à Iseult que, les yeux ouverts, il rêve. Dans la mélodie du pâtre, dans le rayon de la matinée, dans l'odeur des feuillages, il l'entend, il la contemple, il l'aspire. Ne la reverra-t-il pas avant que son regard soit à jamais éteint ? Car il sent bien que l'épée de Melot lui a fait une blessure mortelle. « Tu la reverras, » dit Kurwenal, « voici qu'elle a reçu mon message, et bientôt elle viendra sur un navire aux voiles blanches. » La revoir ! Ses yeux agrandis par un désir démesuré embrassent toute la mer immense. Qu'une voile blanche paraisse à l'horizon, gonflée par tous les bons vents du ciel ! Qu'il se hâte, le chalumeau du pâtre, d'annoncer le vaisseau qui porte la vie, et l'amour, et la gloire, le beau vaisseau qui porte Iseult. « Un navire, là-bas, enfin ! Ah ! Kurwenal, hâte-toi, cours, va donc, et qu'elle m'appa-

raisse ! » Alors, pendant que le serviteur
fidèle descend vers la petite crique où
abordera le vaisseau, Tristan, tout blessé,
tout saignant qu'il est, se dresse ! Un instant encore, et sur sa poitrine où elle bai-
sera sa blessure, il pressera Iseult sanglotante de joie. Tristan possédera Iseult !
Tous les souvenirs, tous les désirs le
prennent à la gorge. Il se tord dans l'angoisse heureuse de son impatience ; son dé-
lire d'amour s'exaspère jusqu'à la rage :
« Je te veux ! saisis-moi ! » De ses mains
furieuses de passion, les vêtements où son
sang s'est figé, les bandes de sa plaie, il arrache tout dans un paroxysme suprême, et,
au moment où son éternel désir va paraître
devant lui, il bondit, effrayant de joie, et
retombe sur la terre rougie, et son sang
est heureux de couler si près d'Iseult. —

Quand elle est là, il est mort, mort au seuil même du bonheur : car Iseult lui apportait le pardon du roi Mark, et celui dont elle devait être l'épouse c'était Tristan. Maintenant, quels sanglots, sans doute, elle poussera sur le cadavre de son amant, devant le roi apaisé, devant les chevaliers attendris ? Pleurer, pourquoi ? Ne va-t-elle pas mourir ? Ne va-t-elle pas rejoindre dans les véritables ténèbres — plus profondes, plus douces que celles de leur rêve, — celui avec qui, jadis, elle maudissait le jour ? Dans un immense effort de développement hors de soi-même, elle hâte la fuite de son âme vers les mystères de la divine nature et, haletante de la joie prochaine, se rue dans la mort où il l'attend.

« Oh ! dans cette mer où l'être se pâme, tout mon être enfin s'épanouit ! Dans le déluge de tes flots submergeants, dans le grandissement de tes harmonies, dans ton souffle, ô vivant univers, je me plonge et m'abîme, sans conscience, ô suprême joie ! »

Tel est ce drame extraordinaire. « Pour rendre de tels sentiments, dit M. Édouard Schuré, la musique a dû à la fois soulever les dernières profondeurs de l'harmonie et pousser l'expression mélodique que renferme la parole humaine à son dernier degré d'intensité et d'amplitude. » Et, à cause de cela précisément, c'est une œuvre redoutable, il faut bien l'avouer ; elle désoriente les âmes par son caractère exceptionnel ; elle exige de ceux qui veulent la pénétrer des facultés d'émotion que l'homme possède peu communément. N'y cherchez pas la tranquille ordonnance du sujet, ni

l'intérêt romanesque ; mais vous y trouverez, si vous osez l'affronter, la plus com-
plète, la plus furieuse, la plus aiguë, la
plus torturante expression de l'amour. Ici,
mettant en oubli non seulement les anciennes coutumes théâtrales, mais son
propre sytème, délivré de tout frein, s'a-
bandonnant à soi-même, osant dire à tous :
« C'est ainsi que, moi, j'éprouve ! » le poète-
musicien a dépassé peut-être, selon sa
propre parole, les limites justement impo-
sées à l'art humain. A propos de *Lohengrin*,
de *Tannhæuser* ou de *l'Anneau du Niebelung*, on peut dire : « J'admire ceci,
je réprouve cela » ; on peut discuter,
en un mot, car ces drames sont du domaine de l'art, ressortissent à la critique.
En ce qui concerne *Tristan et Iseult*, le
cas est autre. De deux choses l'une : il faut

s'éloigner de cette œuvre, y demeurer résolûment et à tout jamais étranger ; ou bien, vaincu, souffrir par elle autant qu'a souffert celui qui l'a écrite.

LES MAITRES-CHANTEURS

DE NUREMBERG

LES MAITRES-CHANTEURS
DE NUREMBERG

Il arrive quelquefois que les penseurs de
génie condescendent à mettre les rieurs de
leur côté. Mordu par l'envie, gêné par
l'école, assourdi par les sots, un grand
homme se dit un jour qu'il aurait tort, en
somme, de subir sans réplique les vilenies
et les petitesses, et il enfante alors quelque
prodigieuse bouffonnerie où sont traînés en
pleine lumière tous ces obscurs ennemis,
les pédants et les imbéciles. C'est par un
éclat de rire qu'il triomphe des railleurs.
Mais, parce que le génie est clément, ses

13.

représailles, à force de bonne humeur, sont sans cruauté. On sent qu'il pardonne en même temps qu'il châtie. D'ailleurs, comme il ne suffit pas à sa pensée hautaine de vaincre en riant quelques ennemis trop petits, il place dans sa création comique des types puissants, enfants préférés de son esprit, qui font de la satire un poème grandiose, de la comédie un drame, et il les oppose si heureusement à la foule des grotesques, que de l'œuvre considérée dans son ensemble émane un symbole éternel.

Gros, savants, diserts, vénérés et absurdes, les maitres-chanteurs de Nuremberg font et chantent des vers conformes aux bonnes règles. Ils connaissent les « tons » et les « modes ». Ce n'est pas à Konrad-Rossignol ni à Kunz-chant-d'oiseau qu'il faudrait songer à apprendre ce que

c’est que la « mélodie » et la « colora-
ture ». Peste ! ces gens-là savent leurs
métiers ; ils sont pelletiers, ferblantiers,
boulangers, épiciers, bonnetiers, mais ils
sont poètes aussi, et leurs lecteurs ne sont
pas moins satisfaits que leurs chalands.
Bons négociants et bons rimeurs, ils vivent
dans l’aisance et dans la gloire. Ils sont
les adorateurs entêtés de la tradition.
Au demeurant, ils végètent heureux et
paisibles. Il y a des gens qui naissent
momies.

Mais voici qu’au milieu d’eux surgit sans
crier gare un jeune homme, un chevalier,
Walther de Stolzing. Cet impertinent ne
sait pas le moins du monde ce que signifient « les tons » et les « modes ». Il veut
triompher dans le concours poétique parce
que celui qui sera proclamé vainqueur

obtiendra la main de l'ingénue Eva. Au fond, il se soucie des couronnes et des grades autant qu'un poisson d'une pomme. C'est un esprit vraiment jeune, aventureux, héroïque. Poète, il l'est sans doute, chanteur aussi. Mais il n'a rien appris de ce que les autres sont si fiers de savoir. Il a eu une inspiratrice : la solitude dans un château ancien, et il a eu pour maître le livre de son aïeul, Walther de la Volgelweide.

> Au coin du feu, pendant l'hiver,
> Quand les flocons blanchissent l'air,
> Je revoyais la saison douce
> Qui chante dans les nids de mousse
>   Et les ruisseaux
>   Sous les roseaux,
> Dans les vers d'un ancêtre !...
> C'est Walther, frère des oiseaux,
> C'est mon aïeul qui fut mon maître !

Les oiseaux ont continué les leçons du

vieux poète. Les rossignols du bois ont appris à Walther l'art de moduler, et les roucoulements des colombes lui ont enseigné comment on exprime la tendresse et le désir. Vous jugez de l'effroi qui se répand parmi les méthodiques bourgeois à l'arrivée de ce fou, de cet énergumène, dont la première improvisation renverse toutes leurs vieilles idées et bafoue toutes leurs vieilles règles! Faire un maître-chanteur de ce téméraire ignorant serait un crime de lèse-rhétorique. Sixtus Beckmesser, marqueur dans le concours, montre avec satisfaction le tableau tout blanchi des lignes de craie qu'il a tracées afin de compter les fautes de prosodie qui souillent la poésie du candidat. Ce Beckmesser, c'est le critique médiocre ; il est bête, et, par suite, méchant. D'ailleurs, il veut, lui aussi, épouser la charmante Eva. Ainsi la première épreuve n'a pas été favorable à Walther, et désormais le confiant poète ne réussit même pas à se faire entendre parmi la fureur bruyante des maîtres-chanteurs de Nuremberg.

Mais Hans Sachs a été étonné. Le cordonnier Hans Sachs est un homme sage, enclin au rêve. Il ne s'épouvante pas des audaces de la jeunesse. Il songe que l'avenir doit différer du présent. Bien qu'il soit un maître-chanteur, lui aussi, il a des propensions à croire qu'on peut être un excellent poète sans être un maître-chanteur. Il tient aux vieilles règles, mais il ne les impose pas. Il ne saurait empêcher sa pensée d'aller vers ce jeune homme qui a chanté d'une façon si étrange. « Je ne peux pas me rappeler la mélodie de ses vers, et cependant je ne peux pas l'oublier, » et à sa rêverie se mêlent, dans l'orchestre, des lambeaux épars du thème improvisé par Walther de Stolzing. Hans Sachs, c'est le passé disant : « Laissez venir à moi les jours nouveaux. »

Bon homme d'ailleurs, il s'intéresse aux amours de Walther et d'Eva. Il voudrait que l'on mariât ces enfants qui s'aiment. De sa fenêtre entr'ouverte il surveille leurs rendez-vous furtifs ; il se divertit à feindre de ne pas comprendre lorsqu'Eva l'interroge sur les résultats du concours poétique ; elle veut entendre parler de Walther, et il s'obstine à lui parler des souliers, des beaux souliers, son chef-d'œuvre, qu'elle portera le lendemain. Il est paternel et sournois ; il rit et il observe. Lorsque Walther, furieux de n'avoir pas su plaire aux maîtres-chanteurs, offre à sa bien-aimée de l'enlever, et que celle-ci, ma foi, consent, c'est Hans Sachs qui ouvre dans la nuit sa croisée, afin que les jeunes gens s'arrêtent devant la bande de lumière qui maintenant traverse la rue.

Le ridicule Beckmesser qui vient chanter sa sérénade sous le balcon d'Eva, ne lui sera pas inutile. Hans Sachs l'exaspère en rythmant de coups de marteau sur des semelles la grotesque mélodie de l'amoureux. (Oh ! cette sérénade, j'en ris encore !) Et les bruits mêlés du marteau et de la guitare fêlée sont tels qu'ils éveillent la ville entière. Voici venir les femmes ; à coups de bâton, la foule se rue sur le malencontreux Beck-messer ; puis des querelles s'élèvent entre les gens qu'un brusque réveil a prédisposés à la mauvaise humeur. Les tailleurs injurient les charpentiers, qui disent leur fait aux boulangers. C'est une cohue, un tapage toujours grandissant, que dominent, aigres, aiguës, les clameurs des femmes exaspérées ! Au milieu de la furie unanime, Hans Sachs sépare les deux amants prêts à s'enfuir, envoie Eva chez elle, et enferme dans sa propre maison l'aventureux Walther. Cependant la corne du veilleur de nuit retentit dans les ténèbres. Cris et querelles cessent comme par enchantement. On se tait, on s'enfuit, on se cache, et, grave, le veilleur de nuit s'avance, constatant la tranquillité publique, pendant que la lune monte paisiblement à l'horizon.

Le lendemain, c'est un jour de fête. Hans Sachs médite le front penché vers un livre. Cet homme est triste, triste d'avoir longtemps vécu au milieu des hommes. La fête qui se prépare autour de lui le rend plus morose encore. Il songe à la vanité des choses, à la folie des humains, et cet état de son esprit, détaillé dans un monologue, a été déjà indiqué dans l'admirable prélude du troisième acte.

Que l'on nous permette d'insister un instant sur ce « petit morceau instrumental », comme disait en riant Richard Wagner.

« D'abord, les instruments à cordes font entendre, avec des sonorités profondes, un thème lent et sourd, profondément amer. On croit le reconnaitre ; n'est-ce pas lui qui, au deuxième acte, accompagnait la chanson alerte et joyeuse du cordonnier Hans Sachs assis devant son établi ? Il semblait exprimer alors la pensée intime et bien sombre d'un homme qui présente à la foule un extérieur énergique, et maintenant ce thème se montre seul et se développe ; le masque joyeux est tombé, on voit la tristesse du visage. Puis les cors, à voix basse et comme de loin, émettent un chant solennel, hautain, religieux. Il répond à la triste rêverie comme une promesse de gloire et de délivrance. C'est en effet l'hymne glorieux dont Hans Sachs a salué Luther et la Réforme, et qui a valu à cet ancêtre une popularité incomparable. Mais le philosophe est cordonnier. On entrevoit dans l'orchestre la chanson alerte et joyeuse de l'atelier ; seulement elle est reprise si doucement par les instruments à cordes et dans un mouvement si ralenti, que l'on devine facilement que Hans Sachs accomplit sans ardeur la tâche ouvrière, qu'il lève les yeux pour considérer le ciel, et qu'il se perd en des rêveries profondes. Presque en même

temps, les cors continuent avec leurs sonorités les plus hautes l'hymne solennel de
gloire et de délivrance qui, tout à l'heure, à
l'apparition de Hans Sachs parmi le peuple, se
développera dans un éclat tonnant de toutes
les voix unanimes, et enfin reparaît le thème
lent et sourd des instruments à cordes : il
est toujours amer, mais plus énergique,
moins désolé ; il se calme, se rasserène,
comme si Hans Sachs parvenait à la sérénité
extrême d'une douce et pieuse résignation. »

Mais on ne peut pas toujours rêver aux
destinées de l'humanité. Il faut songer aux
amoureux et marier les enfants qui s'a-
dorent. Hans Sachs admire le poète encore
latent qui est dans Walther. « Racon-
tez-moi le rêve que vous avez fait cette
nuit, » dit le bon cordonnier. Ce rêve exprimé en une mélodie exquise, Hans Sachs

l'écrit pendant que le jeune homme le chante ; l'art patient s'associe à l'improvisation heureuse. « Avec ce poème, dit le maitre, vous triompherez devant le peuple et vous épouserez Eva ! » Alors arrive Eva elle-même, qui semble furieuse, l'ingénue, de n'avoir pas été enlevée ; elle querelle le cordonnier à propos des souliers qu'il lui a faits ; le bonhomme la laisse dire et le voilà qui s'agenouille pour voir où « le soulier la blesse. » Il resterait à genoux tout le jour qu'elle ne s'en plaindrait point, car par-dessus l'épaule du cordoniner sournois, qui a l'air de ne rien remarquer, elle contemple et admire son beau chevalier Walther brusquement apparu. Scène adorable qui s'achève en un ensemble divinement harmonieux, où ces âmes pures mêlent leurs prières et leurs espérances.

14.

Cris des trompettes, tonnerre des grosses caisses, exclamations joyeuses de clarinettes, et le rideau qui se relève laisse voir une plaine où une estrade a été dressée pour recevoir les maitres-chanteurs. Au loin Nuremberg, avec ses toits anciens et ses églises hautes. C'est le jour de Saint-Jean. Tour à tour, en habits de fête, des chœurs de cordonniers, de tailleurs et de boulangers célèbrent leurs métiers par des chansons bouffonnes qui imitent le bruit de l'alène dans le cuir dur, de l'aiguille dans le drap et du pétrin battu. La joie est à son comble, joie populaire, saine et honnête. On danse aussi, naturellement. Comme elle est vive, et allemande pourtant, cette valse qui tourne, qui fuit, qui revient, enlace les bras, dénoue les étreintes, et qui rit et qui chante ! Tout à coup l'orchestre se fait imposant ; on

vient d'annoncer les maitres-chanteurs de
Nuremberg ! Ils sont pesants et solennels.
Ils s'avancent précédés par mille bannières
flottantes ; et le thème qui rythme leur
marche pompeuse et magistrale, c'est leur
essence elle-même faite musique. Ils montent sur l'estrade, ils s'asseyent, ils sont
graves.

Or, la foule a reconnu Hans Sachs, et,
entonnant l'hymne que le prélude a fait
prévoir, elle rend hommage au glorieux
cordonnier. Ce chant est un cri de reconnaissance, libre et religieux, poussé par un
peuple entier ; l'effet en est tel qu'on peut
affirmer que jamais Richard Wagner lui-
même n'a écrit une page plus sereine et
plus saisissante que celle-ci. Cependant
l'heure du concours est venue. On hisse sur
un tas de mousse le misérable Sixtus

Beckmesser, encore endolori des coups de
bâton qu'il a reçus la veille. Il est plein de
confiance, parce qu'il a dérobé dans l'atelier
de Hans Sachs le poème de Walther écrit
de la main du cordonnier. C'est le corbeau
voulant chanter la chanson du rossignol.
Vains et grotesques efforts ! Il se trompe, il
confond et, mêlant à des bribes du *lied* qu'il
n'a pu retenir des souvenirs de sa sérénade,
il arrive au plus piteux et au plus comique
résultat. On le siffle, on le hue, on le chasse.
Walter chante à son tour. Dès les premiers
vers, il a conquis la populaire assemblée.
Dans cette poésie naturelle, conforme aux
sentiments de l'âme , elle reconnaît la
poésie nationale que les maitres-chanteurs
avaient emprisonnée dans la cage d'une règle
étroite, et qui, enfin rompant les barreaux,
s'enivre d'air et de liberté. Les pédants,

eux-mêmes, se déclarent vaincus ; l'enthousiasme du peuple réduit au silence leurs
vaines critiques, et ils acclament le hardi
chanteur que couronnent les mains adorées
de la jolie Eva. Walther est élevé au rang
de maître-chanteur. Certes il se passerait
volontiers des grades et des titres ; mais il
cède, comme on se laisse faire académicien
sur ses vieux jours. Et l'orchestre reprend
la marche pompeuse, où se mêlent les voix
frénétiques du peuple, pendant que Hans
Sachs, qui est le passé, embrasse Walther,
l'avenir.

Le symbole qui se dégage de cette comédie musicale apparait si clairement, que les
lecteurs verraient à juste titre une imperti-
nence dans une explication quelconque. Ce
qu'il faudrait mettre en lumière, c'est l'art
profond avec lequel sont logiquement dé-

duites l'une de l'autre les péripéties du drame ; c'est l'invention et la variété des caractères tracés par la double puissance de la poésie et de la musique ; la fierté des uns, la grâce ou la bouffonnerie des autres, et la bonne humeur si spirituelle, — oui, spirituelle, — du dialogue. Il faudrait dire aussi le nombre vraiment prodigieux de thèmes puissants ou exquis qui surgissent de toutes parts, et il faudrait exprimer la mélodie infinie de l'orchestre, si complexe et pourtant si intelligible, toujours mêlée à l'action et aux caractères, qu'il les préside, les accompagne, ou les rappelle.

L'ANNEAU DU NIEBELUNG

Ce sont des journées inoubliables, que celles où furent représentées pour la première fois, à Bayreuth, les quatre parties de *l'Anneau du Niebelungen !* je retrouve, dans de vieux papiers, quelques notes.

Dès cinq heures du soir, de toutes les rues de la ville, les pèlerins de Richard Wagner affluent vers la colline où le théâtre s'élève. On se coudoie, on se hâte, on sait que l'on arrivera trop tôt, et l'on a peur d'arriver trop tard. Les jeunes hommes courent d'un air heureux et fou ;

de graves personnages essayent, par une allure modérée, de dissimuler leur impatience ; mais malgré eux, leur pas est fébrile, et les yeux pétillent derrière les lunettes. Avec l'insouciance du hâle, avec un royal dédain des parures, les femmes brûlées de soleil, éclaboussées de poussière par les rares carrosses, n'écoutent pas se déchirer aux pierrailles les traines de mousseline ou de soie éclatante. Puis les groupes innombrables se rapprochent, s'amassent, et entre une double haie interminable de curieux, sous la fête des drapeaux balancés, forment une longue foule qui s'éloigne de la ville, monte en ondulant la côte, et enfin comme un fleuve par une écluse ouverte, se répand devant le théâtre, largement, avec une immense rumeur.

Les portes d'entrée sont nombreuses. Le

public pénètre sans encombrement dans la salle. Entre la double rangée des colonnes qui soutiennent à leur faîte des grappes de verres lumineux, sous le plafond peint de couleurs claires, l'immense amphithéâtre resplendit de toilettes féminines, et les couleurs vives sont rehaussées par le ton sombre des habits noirs qui, debout, surgissent d'entre les robes étalées. Dans la galerie des souverains ont pris place, un à un, l'empereur du Brésil, l'empereur d'Allemagne, le grand-duc de Mecklembourg, le grand-duc de Bade, le grand-duc de Weimar. Pas d'uniformes ; les princes se dérobent à demi derrière les travées de la galerie ; ils sentent peut-être que ce n'est pas à eux, ce soir, qu'appartiennent l'empire et la gloire ! Cependant, le brouhaha de la foule, dominé çà et là par des exclamations d'impatience, brusquement, à un signal parti, croyons-nous, de l'orchestre souterrain, se fond dans un vaste silence, auquel l'obscurité soudaine de la salle ajoute une immense solennité.

I

L'OR DU RHIN

D'on ne sait quelle profondeur émane
sourdement un son. Il semble que l'on en-
tende, à peine perceptible, informe, le bruit
premier d'un monde qui va vivre. Le son
insiste, s'efforce, se dégage, il s'y mêle un
désir de montée, de développement. Il se
multiplie en sonorités d'abord confuses,
l'une à l'autre enchaînées dans une vague
ligne déjà de déroulement, et se hausse, et
s'enfle, et, moins obscurément, avec une
expansion lente qui se dilate de plus en
15.

plus, veut atteindre le plein épanouissement de soi-même dans une grande onde
mélodique. Une onde, en effet. Le son,
émané des profondeurs, n'était-ce pas la
plainte souterraine d'une source qui bientôt
se répand par un bâillement de la terre et
s'élargit et devient sous le ciel l'harmonieux ruissellement d'un fleuve? Les
rythmes, dans les mystères de l'orchestre,
se déroulent l'un sur l'autre, s'accompa-
gnent, se poussent. Parmi la fluidité de
tous, quelques-uns, plus précis, semblent
tendre vers une expression plus palpable de
leur essence. On dirait que le remuement
de l'onde va prendre une forme nouvelle,
vivante, mais toujours fugace et courbe
comme lui. Quelles sont, à travers les ondes
du Rhin, — les lourdes draperies qui ser-
vent de rideau s'étant écartées silencieuse-

ment — quelles sont ces vagues blancheurs vertes encore comme la profondeur de l'eau ? Des contours s'accusent, fluides pourtant, et, dans le bercement plus clair de la musique humide, apparaissent, distinctes à peine du flot et du rythme qui les engendra, les filles ingénues du vieux fleuve.

Woglinde chante, Wellgunde rit, Flosshilde fuit. « Weïa, Waga ! gardez l'or, sœurs sauvages ! » Et autour du trésor invisible elles nagent, et se suivent, et se mêlent, créatures si voisines encore de l'élément paternel, innocences et grâces dans la candeur de l'eau.

Par une crevasse de la roche, le Niebelung Alberich, laid et bestial, les guette. Vous devinez leurs éclats de rire à l'aspect du gnome grossier. Et lui, dévoré de désir, crispe ses bras vers elles , et grimpant, glissant, regrimpant, s'accrochant, hurle de ne pouvoir atteindre leur fuite ironique qui chante. Mais voici que comme de très loin une fanfare douce — six notes seulement — se fait entendre, lumineuse, pareille à un éclair que l'on verrait à travers beaucoup de voiles. C'est le réveil de l'Or ! Dans les ondes du fleuve, tout pénétré de grésillements de soleil, il s'allume, et la fanfare, violemment, éclate ! Alors, pleines de joie, les filles du Rhin se jouent autour du trésor qu'elles gardent. Elles l'aiment, parce qu'il est beau, parce qu'il brille. « Or du Rhin, Or du Rhin ! O joie éclatante ! Éveille-toi, ami, éveille-toi joyeusement ! Nous te gardons, bel Or du Rhin ! » Mais le Niebelung Alberich vient d'apprendre d'elles la puissance de l'Or. Qui

le possédera, possédera la puissance suprême. Il faut, il est vrai, pour le conquérir, abjurer l'amour. Le gnome, le monstre
à demi formé, né dans les lieux inférieurs,
n'hésite pas ; que le pouvoir lui soit donné :
il veut bien ne plus aimer ; et, parmi
l'épouvante des flots repoussés et des filles
du Rhin qui s'effarent, avec une force exas-
pérée par son mauvais désir, il atteint
la cime où l'Or rayonne, blasphème l'A-
mour, s'empare du bloc précieux et disparait dans un gouffre pendant que Woglinde
qui chantait, et Wellgrunde, qui riait, et
Flosshilde qui fuyait, pleurent, pleurent l'Or
enlevé, et se désespèrent, les innocentes,
de leur jouet disparu.

Sur la haute montagne, le dieu est endormi, son front sur les genoux de Fricka
qui veille. Hors des brumes écartées par le

vent des hauteurs surgit le Walhalla, demeure future des Ases. Là, dit le magnifique thème chanté par l'orchestre, les
héros morts dans les combats entreront par
troupes glorieuses et combattront encore
et, servis par les Filles du Désir, boiront
« la bonne bière » sous les hauts portiques
et chanteront après boire ! « Éveille-toi,
époux ! Voici que le Burg divin a été bâti
par les géants ; mais du prix que tu leur as
promis, t'en souvient-il, Wotan ? » Et l'orchestre formule le thème rigide du pacte
consenti par le dieu, pendant que, sur le
rythme lourd d'une marche à travers des
rocs culbutés et sur des terrains qui s'ef-
fondrent, s'approchent, vêtus de peaux de
bêtes, la massue à l'épaule, deux êtres lents
et forts.

Ceux-ci sont les géants Fasolt et Fafner ;

ils réclament le prix de leur besogne. Qu'on leur donne, Freia, Freia la douce, Freia la libre, Freia la Beauté, celle par qui l'on aime, l'épouse du dieu Joie. Hélas ! que deviendraient les dieux si elle ne leur donnait plus à manger les pommes de l'éternelle jeunesse ? Arrière, Fasolt ! Arrière, Fafner ! Wotan rompra le pacte, — que l'orchestre inexorable rappelle, — plutôt que de livrer Freia, la joie de ses yeux et le contentement de son cœur ! La fureur des géants s'allume, et sans trembler, tandis que les déesses gémissent et que les dieux s'alarment, ils défient de leurs massues le marteau retentissant du dieu Tonnerre.

Agile, preste, subtile, frémissante aux pointes des choses, glissante aussi, puis hérissée, une flamme mélodique court, va, revient, pique, lèche et crépite en tourbillons prompts. Celui-ci, dans sa draperie d'or, c'est Loge, c'est le feu ! Il est la ruse rapide, qui guette, s'insinue, enveloppe. Sournois et brillant, c'est l'éclaireur des mauvais chemins. Il est, on pourrait le dire, Méphistophélès élément. « Hé ! hé ! » dit Loge, « je vous vois embarrassés pour bien peu de chose. Le Niebelung Alberich, — et pendant ce temps l'orchestre rappelle l'amour maudit par le gnome, le trésor dérobé et la plainte des filles innocentes du fleuve , — le Niebelung a volé l'Or du Rhin. Il faut le lui prendre ; les géants l'accepteront en échange de Freia. » Et Loge, sur la pointe du pied, frétille dans le tournoiement de sa mélodie.

Ainsi , — comme au Niebelung qui, étant l'être inférieur, a préféré la puissance, — le choix entre l'amour, |représenté ici par Freia, et le pouvoir, symbolisé par l'Or, est offert aux géants, premiers fils de la terre. Ceux-ci, situés plus haut que le gnome dans l'échelle des êtres, hésitent d'abord ; ils font enfin le mauvais choix.

Mais Wotan refuse d'aller dérober pour d'autres l'Or que maintenant il envie. Après l'habitant bestial des cavernes souterraines et les géants qui vivent à la surface de la terre, le dieu dont le front se mire aux nuées est placé dans la redoutable alternative. Et lui aussi succombe à la tentation. Il aura l'Or ! que les géants emportent l'amour. A leur lourde fuite, brutalement scandée par l'orchestre, se mêlent au loin les plaintes de l'exquise déesse enlevée, et les dieux sont seuls sur la montagne.

Longtemps ils demeurent silencieux.

L'orchestre, sourdement, dit la solitude autour d'eux, la lumière lentement diminuée, les arbres tristement penchés, les fleurs moins belles, les pommes de jeunesse désormais interdites et, dans la solitude, toujours plus obscurcie, toutes les joies éteintes, la vieillesse, l'ennui, la mort enfin. Des mains de Tonnerre le marteau tombe ! A ce bruit, les fronts divins essaient de se relever. « Wotan ! rends-nous Freia ! Donne l'Or aux géants, et rends-nous l'amour qui fait vivre ! » Wotan est contraint de céder. « Allons, dit Loge, qui pendant l'heure de désolation n'a pas cessé de pétiller çà et là sur les buissons, suis-moi dans la forge des Nibelungen, et je saurai te conquérir par ruse la rançon de la beauté. »

Des nuages voilent la montagne, des

nuages issus de l'abime, traversés de flammes rouges, qui sont les éclairs peut-être des orages souterrains, et pleins des bruits métalliques qu'en forgeant l'Or sur leurs enclumes font entendre sans relâche les forgerons de Niebelheim. Là, Alberich, maitre de l'Or, s'est asservi ses semblables.

— L'orchestre émet pour la première fois le thème de la servitude. — Avec l'Or volé, il a fait forger le « Tarnhelm », le casque de mailles qui rend invisible, et l'épée qui sera appelée Nothung (urgence, fatalité), et l'anneau en qui se résume la toute-puis-sance. Pendant que, roué de coups, Mime, le nain, se lamente burlesquement et que les autres Niebelungen tremblent sous le fouet du maitre, Wotan et Loge sont entrés dans la caverne pleine de fumée et de flamme. « Eh quoi, dit Loge, est-il possible que tu puisses te rendre invisible ou apparaître sous la forme de n'importe quel animal ? » L'être grossier, flatté, dit : « Certes ! » et se transforme en dragon, grondant et rampant. « Oh ! oh ! assez ! dit Loge, qui feint une terreur mortelle. Mais ceci, en somme, c'est peu. On s'explique que tu puisses entrer dans le corps d'un dragon, parce qu'un dragon est plus grand que toi ; mais gageons que tu ne saurais te montrer sous l'apparence d'un animal très petit, d'un rat, d'un crapaud, par exemple ? » Alberich a disparu ; un crapaud pleure derrière une roche. Alors, Loge, rapide, lie de cordes la bête inoffensive, qui, redevenue Alberich, est entrainée par les dieux sur la hauteur de la montagne. « Délivrez-moi ! » hurle le Niebelung pris au piège. « Livre-nous l'Or ! »

dit Wotan. Alberich dit : « Je le veux
bien, » et voici que, par son ordre, les
noirs Niebelungen, nains informes, chargés
de trésors, grimpent pour la première fois
sur la montagne des dieux. Ils entassent
casques, boucliers, armures et joyaux dans
un resplendissant désordre. Qu'importe à
Alberich ? Il livrera tout, et l'épée fatale, et
même le Tanhelm, pourvu qu'il garde à
son doigt l'anneau omnipotent ! Vaine espérance. C'est l'anneau que Wotan convoite,
et il l'arrache au gnome vaincu. Oh ! les
cris de rage d'Alberich dépouillé de toute
sa force ! Cette malédiction de l'anneau,
proférée par le premier des coupables,
cette malédiction qui pèsera sur tous les
personnages de la trilogie, est la plus farouche clameur qui soit jamais sortie d'une
bouche vivante ! Et les thèmes futurs du

Crépuscule des Dieux circulent, vaguement dessinés, dans l'orchestre prophé-
tique.

A cette heure, les dieux sont en joie, car
voici Freia revenue avec Fasolt et Fafner.
« Nous donnera-t-on l'Or enfin ? » Wotan
dit : « Prenez - le. » Mais Fasolt : « Qu'on
entasse les trésors devant Freia jusqu'à ce
qu'elle disparaisse tout à fait, car tant que
je la verrai, je ne pourrai pas la quitter. »
Casques, armures, cuirasses et joyaux s'a-
moncellent devant la déesse. « Je vois
encore ses cheveux », dit Fasolt. Le
Tarnhelm est jeté sur l'or entassé, et les
cheveux de Freia n'apparaissent plus. « Je
vois encore son regard, dit Fasolt en pleurant ; oui, là, entre deux colliers, il se
glisse, il m'éblouit. Cachez-le, cachez-le ! »
Il n'y a plus d'or. Fafner réclame.

« Donne-nous ton anneau, Wotan ! » Cette
fois le dieu se récrie ; mais voici que se lève
des profondeurs Erda, la mère primitive
des êtres. « L'anneau est maudit ! » chante
sa voix redoutable. Un jour crépusculaire
montera sur la montagne des Dieux. »
Wotan épouvanté cède, et c'est avec l'anneau, quintessence du pouvoir, que la fente
est bouchée par laquelle glissait le regard
de la femme, symbole affiné de l'amour.

A peine les géants possèdent-ils l'anneau
que le premier effet de la malédiction se
produit. Ils se querellent, ils luttent. La
massue de Fafner se lève, et Fasolt, lour-
dement, tombe.

Cependant les dieux triomphent. Ils vont
entrer dans le burg céleste, et la Beauté
leur appartient immortellement. Tonnerre
exulte et brandit son marteau. La nuée

tonne, les nuages s'amoncellent, déchirés d'éclairs. Le joyeux orage bondit d'un bout à l'autre de l'horizon, la vive pluie crépite. Puis l'arc-en-ciel se dessine, d'un côté il touche à la montagne, de l'autre il s'appuie au seuil du Walhalla. C'est la route des dieux vers la glorieuse demeure ! Deux par deux, — pendant que l'orchestre développe le thème du Walhalla, — ils gravissent le lumineux chemin. Quoi ! sans trouble, sans remords ? Hélas ! du fond du fleuve s'élève la plainte des trois sœurs ingénues. « Or du Rhin ! Or du Rhin ! » et le dieu coupable a mesuré l'immensité de sa faute. Qui donc rachètera le crime commis par les Ases ? l'épée Urgence, forgée par les Niebelungen, oubliée par les géants, inspire à Wotan le rêve des héros futurs, ses fils, qui seront peut-être ses rédempteurs. Plein de tris-

tesse pourtant, il s'avance vers le burg payé
par l'Or volé, et toujours plus amère, le
poursuit la plainte des filles du fleuve, qui
ne cessera pas avant l'heure où l'Or rayon-
nera de nouveau dans les ondes ensoleillées
du Rhin !

Je n'espère pas que cette analyse puisse
donner une idée même lointaine du *Rhein-*
gold, vaste légende dramatique, où le
charme des contes primitifs s'allie à la
profondeur des symboles. Quelque jour je
l'étudierai à loisir, plus intimement. Mais
l'Or du Rhin offre une particularité qu'il
faut signaler dès à présent : tous les thèmes
représentatifs des personnages et des passions qui se manifesteront dans la trilogie
de Richard Wagner apparaissent ici dans
leur simplicité première. Ce prologue est

comme le berceau commun de la *Wal-kyrie*, de *Siegfried*, du *Crépuscule des Dieux*. Tout ce qui sera est déjà entrevu. L'orchestre rêve et prophétise.

II

LA WALKYRIE

L'Or du Rhin, prologue, est une œuvre
paisible, hautaine, grandiosement symbo-
lique ; c'est comme la source tranquille d'un
triple torrent tragique ; elle intéresse l'esprit plutôt qu'elle ne fait battre le cœur et
qu'elle n'énerve les sens. Dès le commencement de la *Walkyrie*, au contraire, nous
sommes en pleine réalité, — réalité épique,
légendaire, sans doute, mais familière, mais
poignante, — et les hommes s'émeuvent
surtout des joies et des douleurs qu'ils
pourraient éprouver eux-mêmes.

Les habitants mortels de la terre, à peine dégagés de l'animalité primitive, déjà pareils à nous cependant, sont nés, et, avec eux, le malheur. Dans la forêt, cassée çà et là par la foudre et brusquement sillonnée d'éclairs, une fuite haletante, dont l'orchestre note impitoyablement les désespoirs et les chutes, se précipite sous la poussée des éléments ennemis. Elle grimpe les côtes, rouleaux bas-fonds, se relève, retombe et se redresse, et court. Qui donc fuit ? Qui donc poursuit le fuyard ? Tout à coup, dans la cour intérieure d'une habitation barbare, une porte, sous le coup de genou de la tempête, s'ouvre, et un homme entre, vêtu de peaux de bêtes, sauvage et beau, qui se retient aux murs, marche en avant encore et, se traînant jusqu'au foyer, succombe évanoui.

Une femme, aux vêtements blancs, paisible, descend des chambres intérieures, et s'étonne de cet étranger qui s'est laissé choir sur la terre. Il se soulève, la soif le dévore. Elle lui offre l'eau fraîche dans le hanap de corne.

Ainsi, tout d'abord, l'esprit du spectateur est transporté dans la simplicité primitive des âges héroïques.

Mais, avant que l'étranger boive, il regarde la femme, et le pressentiment de l'amour futur s'éveille dans l'orchestre. « Dans quelle demeure suis-je venu ? Et qui donc m'offre l'eau pure ? » Elle répond : « La demeure où tu es venu et la femme que tu vois appartiennent au chasseur Hunding. Mais l'eau ravive mal la force des héros, ne veux-tu pas boire le salutaire hydromel ? » De nouveau elle a rempli la corne. « Bois d'abord, » dit l'hôte inconnu. Elle pose ses lèvres au bord du hanap, et quand l'homme a bu après elle, ils échangent, immobiles, un long et tenace regard. O délicieuse mélodie de l'orchestre dans le silence des voix ! Tout le charme, toute l'extase des embrassements prochains s'abandonne dans la langueur du long thème déroulé ! En ce moment, brusque, une obscure sonnerie de chasse retentit. Qui vient là ? La femme court à la porte, et Hunding, le maître du lieu, armé de pied en cap, robuste, et debout sur le seuil. « Un étranger, répond elle au regard interrogateur de l'époux, un étranger bien fatigué est venu s'asseoir devant le foyer de la cour. » Le maître dit : « Qu'il soit le bienvenu. Si tu lui as offert l'eau pure et l'hydromel, tu as bien fait ; car la maison de Hunding est hospitalière.

Et maintenant, femme, prépare le repas des hommes. » Mais il ajoute, se parlant à lui-même : « Voici une chose étrange. Le visage de mon hôte est pareil au visage de mon épouse. »

Tous trois ils sont assis autour de la table de chêne, qu'encombrent les mets grossiers et les cruches lourdes. « Qui es-tu, mon hôte ? demande Hunding ; la femme assise à mes côtés est curieuse de le savoir. » Un silence se fait. Le lien mélodique des regards se resserre entre l'épouse et l'homme étranger. « Oui, qui es-tu, dis-le-nous, » dit-elle. Alors il parle : « Je m'appelle Désespoir, ô femme qui m'interroges ! Enfant, dans la noirceur des forêts, je rôdais avec mon père le Loup. Un soir, à notre retour, la mère était sur le seuil, tuée, et ma sœur jumelle avait disparu. Courses à

travers la forêt, vaines recherches pleines
d'angoisses ! Mon père lui-même m'aban-
donna, mon père, qui m'avait promis
l'Épée ! » En ce moment surgit de l'orchestre le thème du glaive rédempteur,
forgé par les Niebelungen. « Seul, hagard,
sans armes, poursuivi par les chiens hideux, j'ai parcouru dans la tempête, durant
des jours, durant des années, jusqu'à ma
chute enfin devant l'hospitalité de votre
foyer. » Et pendant ce récit, dont j'ai né-
gligé les détails pour en donner l'impres-
sion générale, l'époux est devenu plus
sombre, l'épouse est devenue plus rêveuse.
« Race du Loup ! dit Hunding, je suis de
la race des chasseurs ! Jusqu'au point du
jour, ma maison protégera mon hôte ; mais
dès le soleil levé tu seras mon ennemi, et
nous combattrons ensemble. Femme, pré-

pare la boisson du soir et gagnons ensemble notre couche. » Il rentre, suivi par Sieglinde. Mais que signifient le geste et le regard de la femme vers le grand frêne qui s'élève au milieu de la cour, pendant que l'orchestre, très doux, émet en le féminisant le thème guerrier de l'Épée ?

L'étranger, resté seul, songe à la promesse de son père le Loup. Quand donc recevra-t-il le glaive par lequel il triomphera des chiens ennemis, et ravira au dragon Fafner l'anneau fatal des Niebelungen ? Comme il est las ! comme il est plein de tristesse ! nulle famille, nul foyer, sinon celui qui s'allume au delà d'une porte ouverte par pitié. Mais comme elle est belle, la femme hospitalière qui lui a versé l'eau pure et l'hydromel !... Il s'endort... Sieglinde, à pas sourds, revient. « O étranger, tu n'as pas apporté le malheur ici, car le malheur y était avant toi. Quel héros enfin m'arrachera au chasseur qui m'a volée ? Écoute, un jour dans cette cour, au milieu, d'un festin de noces, un étrange voyageur est venu. L'un de ses yeux est couvert d'un bandeau ; l'autre est un éclair qui ne s'éteint jamais. Dans ce frêne il a enfoncé jusqu'à la garde une épée, et s'est retiré en disant : « L'épée appartiendra à qui pourra l'arracher de l'arbre. » Tous ont tenté l'aventure, aucun n'a réussi. Arrache l'épée, ô héros ! et sauve-moi du chien Hunding. » Pendant qu'elle parle, l'étranger la considère dans une profonde extase, et lorsque, enhardi, il va l'étreindre contre sa poitrine, la grande porte, sous un souffle de l'air rasséréné, s'ouvre largement et le divin Printemps nocturne apparaît dans sa douce gloire. « Qui donc est venu ? dit-elle. — Nul n'est venu; pourtant quelqu'un est là. — C'est le Printemps qui rit dans l'air, autour de tes cheveux. Plus de tempêtes, plus d'obscure solitude. Le clair mois de mai, le jeune guerrier, est venu dans son armure fleurie et chasse le noir hiver. Il rejoint dans la fête de la nature sa fiancée, la jeunesse. Et cette nuit où je t'aime est la nuit des noces infinies de la Jeunesse et du Printemps! » Elle répond : « Le Printemps, c'est toi! Tu es celui que j'attendais dans l'hiver glacé et je suis celle vers laquelle tu devais venir, ô cher Printemps! pour que mon âme fleurisse à jamais! » Et longuement, longuement, tandis que le divin thème du regard échangé se développe, s'interrompt, recommence, se perpétue, ils se bercent dans la grâce languissante de leur jeune tendresse. « Mais, dit-elle, ton visage, je l'avais vu déjà. Est-ce dans l'eau, où ma forme se reflète ? Ta voix, il me semble que je l'ai entendue, enfant ; ou ta voix peut-être ressemble-t-elle à la mienne, répétée par l'écho ?... Ah ! non, non ! tu ne t'appelles pas Désespoir, tu t'appelles Siegmund, et ta sœur jumelle, c'est Sieglinde, c'est moi. O mon frère, ô mon fiancé, arrache l'épée, et fuyons ! » Siegmund a bondi vers le frêne : « Glaive ! glaive fatal que m'avait promis le dieu Loup, mon père ! Urgence est le nom que je te donne. Femme, c'est Siegmund que je m'appelle et Siegmund que je suis. Viens, je t'aime, suis-moi, fuyons, ô sœur ! ô fiancée ! »

Cependant, Wotan, le dieu coupable, est triste. Il croit que les guerriers, ses fils, possesseurs de l'Épée, pourront un jour, en rendant aux filles du Rhin leur jouet disparu, racheter sa faute antique. Mais le destin, plus puissant que lui, ne lui permet pas de venir en aide aux héros rédempteurs ; ceux-ci doivent être abandonnés à eux-mêmes, et ce soir même, — c'est Fricka qui, furieuse, le lui annonce, — Siegmund tombera sous les coups de Hunding, le mari outragé. « Hoïotojo ! Hoïotojo ! » hurle parmi les roches Brünnhilde la Walkyrie. — Hélas, ma fille, dit Wotan, dans un admirable récit où la musique, sans cesser d'être mélodique, devient la parole elle-même. Hélas ! ce jour de combat sera un triste jour ! Va, annonce au héros Siegmund qu'il entrera ce soir dans les salles du Walhalla ! Pour engendrer des fils d'où sortira le salut de la race divine, j'ai erré sur la terre, je suis devenu la bête des bois, le dieu Loup chassé par les chiens ; et maintenant, Siegmund, mon fils, celui qui armé de l'épée aurait pu, en rendant l'or aux filles du Rhin, racheter la faute dont le remords me dévore, Siegmund, hélas ! doit périr ! »

Il faut oser le dire, cette conception : un dieu qui s'incarne dans ses enfants pour racheter son propre crime, et qui, maîtrisé par la fatalité, est contraint d'ordonner lui-même leur mort et de voir mourir avec eux tout espoir de salut, cette conception est certainement l'une des plus hautes et des plus poignantes que nous devions à la poé-sie humaine.

La maîtresse et l'amant, la sœur et le frère, Sieglinde et Siegmund s'enfuient à travers les solitudes. Elle est bien lasse de la course, il est bien triste de la voir si lasse.

— Siegmund! dit Brünnhilde apparue, je suis celle que tu suivras bientôt. C'est aujourd'hui que tu entreras dans les salles du Walhalla.

— Dans le Walhalla, reverrai-je le dieu Loup, mon père?

— Tu le reverras. Et là sont aussi les héros et les filles du Désir, qui versent à boire après le combat.

— Dans le Walhalla, serai-je salué par une épouse? Sieglinde, ma sœur, viendra-t-elle au-devant de son mari?

— Elle doit respirer encore l'air terrestre. Dans le Walhalla, tu ne rencontreras pas Sieglinde.

— Salue pour moi le dieu Loup, mon père, les héros, et les filles du Désir. Car, où Sieglinde reste, Siegmund reste aussi.

Alors, devant cette tendresse qui, pour une humble femme errante, méprise les délices guerrières du Walhalla, Brunnhilde, la sauvage vierge, se sent pénétrée d'un attendrissement inconnu. Elle se penche pour la première fois vers l'humanité qui doit un jour, dans *Siegfried* et dans le *Crépuscule des Dieux*, l'absorber tout entière. « Que Wotan me châtie ! s'écrie-t-elle en fuyant, tu ne tomberas pas sous les coups du chasseur ! » Et, en effet, quand le duel entre le fils du Loup et le Hunding s'acharne au milieu des nuages tempêtueux sillonnés d'éclairs, c'est elle, c'est Brünnhilde, qui, de son bouclier d'argent, repousse le glaive de l'époux. Mais Wotan, esclave de la nécessité, ne peut pas permettre le salut de son fils, et lui-même, de sa lance irrésistible, il faut qu'il brise l'épée de Siegmund, l'épée Urgence, qui était peut-être le salut des Dieux !

A travers les roches, dans les nues, des galops retentissent. C'est la chevauchée des Walkyries, et comme du feu jaillit des cailloux, les éclairs sortent des nuages sous les fers de leurs chevaux. Elles arrivent, elles se groupent. Sur les cimes, elles s'appellent, et se querellent joyeuses et féroces. Telle est ici la puissance du poète - musicien, qu'en vérité l'on ne se souvient plus qu'on est dans un théâtre, mais que l'on croit assister, dans une réalité surnaturelle, aux courses, aux chants, aux cris des antiques Walkyries.

L'orchestre annonce une approche précipitée. C'est Brünnhilde qui apparait, portant dans ses bras Sieglinde et, dans sa main droite, les tronçons du glaive divin.

18

« O mes sœurs ! mes sœurs ! cachez-la !
Et toi, Sieglinde, dérobe dans la forêt
le glaive rompu, et que les Nornes fas-
sent naître pour le salut des dieux le fils
que Siegmund a mis dans ton sein ! »
Alors, pour la première fois, se dessine
dans l'orchestre le thème de Siegfried, le
héros futur qui sera le rédempteur peut-être.

La voix de Wotan retentit dans la nue et
menace la Walkyrie désobéissante. Vainement ses sœurs intercèdent pour elle. Il
doit la punir d'avoir voulu sauver Siegmund, lui qui aurait donné, pour que son
fils fût épargné, et sa lance irrésistible, et
le Walhalla lui-même.

— Me voici, père, dit Brünnhilde trem-
blante.

— Tu étais la fille de mon désir, tu ne
l'es plus. Tu n'avertiras plus les héros de

leur mort prochaine. Tu ne verseras plus l'hydromel aux héros. Walkyrie, ô Brünnhilde, tu l'as été ! — et seule, couchée au pied de l'arbre, captive d'un sommeil profond, tu appartiendras, s'il le veut, au voyageur qui passe ! » Le thème du Walhalla perdu à jamais pour la fille du dieu attendrit dans l'orchestre sa sonorité glorieuse.

Cependant, Brünnhilde n'a désobéi que selon le désir secret de son père. Ce qu'elle protégeait en Siegmund, n'était-ce pas Wotan lui - même ? Le châtiment est exigé par une loi fatale, mais combien il aime Brünnhilde davantage depuis qu'elle a désobéi ! Le courroux de Wotan se fond dans une inexprimable tendresse. Il la serre dans ses bras, la sœur de son fils mort. Ses larmes divines mouillent le front de la vierge déchue, et se mêlent aux baisers des adieux. Ah ! du moins, celui qui la possédera, ce ne sera pas quelque homme inconnu amené par le hasard, et dénué peut-être de force ou de courage. Un héros seul, un héros ignorant de la peur, s'approchera de Brünnhilde endormie, car son sommeil sera entouré d'une effroyable barrière de flammes inextinguibles ! Et voici que tout le fond de la scène s'embrase, et que dans l'orchestre, preste, subtile, aiguë, frémissante aux pointes des choses, la mélodie de Loge, dieu du feu, — ce thème qui saute, glisse, lèche, pique et crépite en tourbillons prompts, — jaillit, s'éteint, se rallume et se développe enfin dans un furieux triomphe.

Indiquer dans cette œuvre telle partie supérieure à d'autres, ou signaler ce qui

plus particulièrement a étonné, ému, transporté le public, cela est-il possible. Dès
les premières notes du prélude, l'admiration s'impose, ou plutôt on ne songe pas
à admirer. On ne se rend plus compte de la
beauté du vers, de la beauté de l'immense mélodie ininterrompue ; on ne croit
plus qu'on assiste à la représentation d'un
drame. On s'identifie avec les personnages, on aime de leur amour, on se réjouit de leurs espérances, on est torturé de
leurs angoisses ! Le drame musical, selon
le système wagnérien, a réalisé cette fois
sa manifestation suprême.

III

SIEGFRIED

Siegfried, c'est le héros enfant, c'est le gamin farouche de la forêt. Il est robuste et puéril ; il n'a peur de rien et s'étonne de tout. Il a les lourdeurs d'un jeune ourson et aussi les prestesses d'un écureuil. Sa face large et rieuse se montre entre les arbres et disparaît avec des fuites de bête qui joue. D'un coup de poing il fend une pierre ; il réchauffe d'un souffle le petit oiseau tombé du nid.

Une pensée le hante dans sa course à travers les halliers : il a observé les amours

des merles et des fauvettes, et le rut aboyeur
des loups ; quoi donc ? lui seul est-il né sans
que deux êtres se soient unis pour le mettre
au monde ? Ce qui est certain, c'est qu'il
n'est pas le fils, c'est qu'il ne veut pas être
le fils de ce forgeron trapu et velu, cagneux,
bossu, hideux, qui, nuit et jour, s'efforce à
reforger les tronçons brisés d'une antique
épée. « Crois-moi, dit le nain, — on recon-
nait en lui le Niebelung peureux que fla-
gellait autrefois Alberich voleur de l'Or, —
crois-moi, je suis ton père et ta mère ; je t'ai
donné, pauvre petit, le boire et le manger.
Les renards ressemblent aux renards qui les
ont engendrés, mais il n'en est pas ainsi
des hommes. Viens embrasser ton vieux
père, ô mon doux Siegfried ! » Siegfried
répond : « Tu es laid ! Est-ce que le crapaud peut avoir pour enfant le poisson aux

écailles luisantes ? Forge-moi vite l'épée.
Dès que je serai armé, je m'en irai dans le
monde, qui ne doit pas être très loin de la
forêt, pour ne plus voir ta face hideuse ! »
Et le turbulent garçon s'enfuit avec des cris
de joie par les fourrés et les clairières, et
va retrouver les ours, ses compagnons de
chasse.

Hélas ! Mime voudrait bien pouvoir ras-
sembler les tronçons de la lame brisée qui
lui a été remise par Sieglinde, épouse et
sœur de Siegmund, le jour où elle est morte
en enfantant Siegfried. — L'orchestre rappelle la fanfare du Glaive. — Mime, le rusé
nain, convoite l'Or gardé maintenant par
le dragon Fafner, et certes Siegfried, armé
du glaive fatal, pourrait tuer le dragon et
conquérir le trésor à son père nourricier.
Mais ces morceaux d'acier, comment les

unir? Nulle flamme n'est assez brûlante,
nul marteau n'est assez pesant.

Un être triste, enveloppé d'un grand
manteau bleu, apparaît sur le seuil de la
forge. C'est le voyageur éternel dont les
hommes ne savent pas le nom, celui qui
entre, dit une parole, et sort. Comme le dieu
Wotan, il a un bandeau sur l'œil gauche,
et son œil droit semble un éclair qui ne s'é-
teint jamais. « Celui-là seul forgera l'épée,
dit-il, qui n'aura jamais connu la peur. »

Mime n'est point cet homme-là. Un bruit
de vent dans les arbres, un éclat furtif de
flammes dans le lointain fait qu'il tremble
de tous ses membres et se pelotonne au
coin du foyer. « Mais toi, toi, Siegfried,
est-ce que tu as peur quelquefois? »

— Peur? qu'est-ce que c'est que d'avoir
peur?

— Comment, lorsque les branches, la nuit, se froissent avec des bruits sinistres, lorsque des formes passent qui sont peut-être des morts sortis des tombeaux, lorsque des gueules de bêtes s'ouvrent rouges comme ma forge dans la noirceur des broussailles, tu n'as pas peur, mon fils?

— Eh! dis-moi donc ce que c'est que la peur?

— O joie! Tu es celui qui forgera l'épée.

— Soit! Mais tu m'enseigneras la peur? dit Siegfried, croyant peut-être qu'il s'agit de quelque jeu qu'il ignore.

— Je te conduirai vers Fafner, vers le dragon Fafner, qui te l'enseignera.

— Eh bien, je forgerai.

Le foyer s'allume, le soufflet monte et s'abaisse. Siegfried forge, et Siegfried chante : « Hoho! Hoho! Hahei! Hahei!

Je forge l'épée Urgence. Hoho! Hahei! »
Le feu crépite, le souffle du soufflet siffle,
l'acier chaud fait bouillonner l'eau qui
fume. « Bien, bien! se dit Mime en rôdant
autour du jeune forgeron ; quand il aura
tué Fafner, j'endormirai Siegfried avec un
breuvage de mort, et à mon tour je possé-
derai l'Or volé aux filles du Rhin. J'aurai le
Tarnhelm qui permet de prendre toutes les
formes, et j'aurai l'anneau tout-puissant,
moi, Mime, moi, le nain ! » Siegfried forge
toujours. C'est à coups de marteau, maintenant, qu'il rythme sa chanson. « Hoho !
Hahei ! Haho ! Forge, mon marteau, forge
une forte épée ! » Dans ce chant, une des
plus admirables inspirations de Richard
Wagner, éclate toute la joie d'une enfance
guerrière, éperdue de voir naître sous ses
mains l'instrument de bataille et de

meurtre ; et, à l'entour du thème hardi et franc, circule, se déroule, se ramasse le motif traître de Mime, avec des ondulations livides de serpent. Enfin, d'un seul coup de l'épée, — de l'épée de Siegmund, que brisa la lance de Wotan, — le jeune forgeron a fendu en deux l'enclume, et, pendant que, suivi de Mime, il part à la recherche du dragon qui doit lui enseigner la peur, tout l'orchestre, avec un grand air de fête, chante les aventures héroïques dans l'épaisseur farouche des bois.

Non loin du trou où gronde Fafner, gardien du trésor, — Richard Wagner a employé un nouvel instrument de cuivre, d'une gravité extraordinaire, pour simuler ce grondement, — autour de ce trou sinistre rôde le Niebelung Alberich. Il n'a jamais cessé de convoiter l'anneau que les

dieux lui ont arraché, et dans les ténèbres
il rampe vers le trésor. Le voyageur au
manteau bleu se dresse devant lui. « Que
fais-tu là? dit Alberich. Je te reconnais,
Wotan ! Pour le salut des dieux, tu veux
que tes fils rendent l'Anneau aux Filles du
Rhin, et c'est toi qui avais enfermé l'Épée,
pour que Siegmund l'y trouvât, dans le
Frène de Hunding, et c'est toi qui, tout à
l'heure, disais à Mime : « Celui-là seul forgera l'épée qui n'a jamais connu la peur ! »
Tu défies le destin qui t'ordonne de laisser
agir seul tes enfants ; prends garde, voyageur, et cède-moi la place ! » Et le dieu à
qui, en effet, le destin commande de ne
point venir en aide à ses fils, s'éloigne, toujours dévoré par le remords de la faute e t
l'espérance de la rédemption.

Mais voici que toute la forêt s'éclaire autour de Siegfried apparu. Elle aime, la vieille mère, son enfant familier. Des bruits attendris de feuilles l'accueillent et le suivent. Il y a des susurrements plus doux dans les branchages de l'orchestre ; l'oiseau des petites flûtes s'éveille et veut que Siegfried chante avec lui. Siegfried, certes, veut bien chanter. Avec l'épée, il taille une branche de sureau. Mais le sifflet siffle faux et les flûtes se moquent. Siegfried entre en fureur. Il empoigne son cor, et, pour imiter la chanson nichée sur quelque branche qui tremble, il entonne cette fanfare de jeunesse et de force, dont le souvenir plus tard sonnera si tristement. Puis il s'arrête, croyant que l'oiseau va lui répondre, et qu'il ira jouer dans les arbres avec ce joli compagnon ! Le compagnon qui vient et qui chante, c'est le hideux dragon Fafner ;

un duel contre une hydre, voilà le jeu offert. Siegfried est tout attristé : il est en face
de Fafner qui souffle des fumées et des
flammes, et il ne sait pas encore ce que
c'est que la peur.

Certes, tout ceci est une féerie exquise.
Les esprits jeunes en sont charmés, et les
personnes qui rêvent plus profondément en
devinent le symbole. Mais Richard Wagner, en s'attardant, au milieu de son
œuvre immense, dans ce coin de forêt où le
gazouillement des oiseaux a pour écho le
grondement des dragons, n'a peut-être pas
assez tenu compte des misères de la mise
en scène telle qu'elle existe actuellement.
Le théâtre ne peut pas exprimer tout ce
que la poésie peut concevoir ; il a fallu
que cette scène fût bien adorable de naïveté
et de grâce pour n'être pas diminuée par

l'insuffisance de la mise en scène. Comme Siegfried, elle s'est battue contre le dragon, et en a triomphé.

Mais qu'est-il donc arrivé? Dans le chant de l'oiseau qui n'était tout à l'heure qu'un murmure, le jeune héros entend maintenant des paroles. « Hei! Siegfried a tué le dragon et maintenant il possède le Tarnhelm et l'Anneau! » C'est que Siegfried a porté à sa bouche sa main rougie par le sang de Fafner; et, comme chacun le sait en Allemagne, dès qu'on a mouillé ses lèvres dans le sang d'un dragon, on comprend parfaitement ce que disent les petits oiseaux. On perçoit aussi la pensée intime des traîtres. Dans une scène merveilleusement construite, où l'orchestre dit la vérité lorsque Mime dissimule, et ment à son tour lorsque Mime cesse de dissimuler, les

ruses du vieux nain sont révélées à Siegfried, qui lui tranche la tête d'un seul coup
de la terrible épée, et l'enfouit dans un trou
sous le dragon renversé.

« Hei ! dit la mélodie adorable de l'oiseau, Siegfried a tué le méchant nain. A
présent, je connais pour Siegfried la plus
belle des femmes. Sur la haute montagne
elle dort, entourée de flammes. Celui qui l'é-
veillera éveillera sa fiancée, et Brünnhilde
sera sienne ! » Siegfried s'émerveille. « O
le joli chant ! ô le meilleur des conseils !
Vole devant moi, bel oiseau, vole, vole,
que je te suive ! » Et l'oiseau, battant des
ailes, s'échappe devant le héros qui le suit,
s'échappe vers Brünnhilde endormie au milieu des flammes sur la cime, et l'on ne sait
pas lequel est le plus rapide, de l'oiseau
qui vole ou de l'enfant qui bondit. Cepen-

dant Siegfried songe à part lui : « Au milieu de tant d'aventures, je n'ai pas encore
appris ce que c'est que la peur. »

Du fond des ténébreuses profondeurs où
la Mère primitive se tient immobile dans la
connaissance de tous les mystères, Erda
lentement se lève, évoquée par la voix de
Woltan. Une fois encore, le Destin répond
au triste dieu ; la réponse est sinistre.
Si Siegfried éveille Brünnhilde, Siegfried,
le dernier espoir de Wotan, mourra. Et
voici que le jeune héros survient, suivant
l'oiseau. « Oh ! ne fais pas un pas de plus ! »
dit l'aïeul. Mais qui donc arrêterait Siegfried en quête de sa fiancée ? D'un coup de
l'Épée il rompt la lance de Wotan. Avec un
bruit de foudre, l'orchestre a éclaté ; car
c'est le moment fatal où la créature, brû-
lée de passion, se révolte contre son créa-

teur. Les Fils que la divinité a engendrés pour son salut précipitent eux-mêmes sa perte. L'homme libre ne veut pas accepter la mission de sauver les dieux coupables. C'en est fait du pouvoir des Ases : un jour crépusculaire va planer sur le Walhalla.

Au delà des flammes qui chantent furieusement le thème de Loge, dieu du Feu, — nulle parole, je l'affirme, ne pourrait exprimer la flamboyante beauté du passage de Siegfried à travers l'incendie, — Brünnhilde est endormie dans son armure, à côté de Grane, son cheval. Le jeune homme s'approche, soulève le bouclier, admire la chevelure épandue, regarde le sein qui s'enfle, et cette fois, devant cet être inconnu qui est la femme, recule, et connaît la peur !

Peu à peu, par un long baiser, il l'éveille, pendant que s'allument dans l'orchestre tous les désirs de la passion future.

La fille de Wotan, la Walkyrie déchue, s'est redressée. Dans une large mélodie, dont il semble que l'envergure embrasse tout l'horizon, elle salue les dieux antiques et le soleil reparu. Lui, éperdu, la regarde, et dit : « Était-elle comme toi, ma mère ? » Alors la longue scène, violente, attendrie, farouche, souriante, où la vierge du Walhalla, épouvantée de devenir femme, où le héros enfant, enivré de devenir homme, se cherchent, se repoussent, se désirent, se craignent, cette admirable scène, un des points culminants de l'œuvre, développe dans une large prodigalité mélodique les passionnés élans de l'amour, les fuites de la pudeur, les curiosités de l'éphèbe qui veut, les condescendances de la femme qui

enseigne, tout à coup rétractées par les
fiertés de la vierge ; et enfin ces luttes, ces
appétits, ces ivresses repoussées et d'autan^t
plus convoitées, se fondent dans un furieux
finale, vivant, humain, plein d'éclats de
rire, comme si la joyeuse réalité voulait se
cacher à elle-même l'amertume de l'idéal
réalisé.

IV

LE CRÉPUSCULE DES DIEUX

Les Nornes sont assises à l'ombre du Frêne universel. Les trois sinistres cordières se jettent l'une à l'autre la corde des destinées divines et humaines, en rythmant leur éternelle besogne d'un grand chant alterné, tantôt profond et vague, comme s'il exprimait les rêveries de la fatalité encore irrésolue, tantôt morne et rigide comme l'accomplissement. « La corde rompt ! La corde rompt ! La corde rompt ! hurlent les Nornes. Siegfried se meurt, et les dieux succombent avec leur progéniture héroïque. Ils s'affaissent dans le Walhalla que dévorent les flammes d'un bûcher, les dieux coupables, les dieux punis ! » Et les trois sœurs, épouvantées elles-mêmes du destin qu'elles ont tressé, s'assemblent dans un embrassement farouche, et disparaissent vers Erda, la mère primitive, habitante des profondeurs.

La vieille roche noire s'éclaire dans le crépuscule du matin, car Siegfried s'est levé d'entre les bras de Brünnhilde, et Siegfried, comme l'Hercule Sauveur, comme l'Adonis des femmmes athéniennes, comme Achille, race des dieux, n'est-il pas le beau jeune homme solaire dont le réveil illumine la terre et qui l'obscurcit le soir en s'endormant ? « Éveilleur de la vie, victorieuse lumière ! » lui a dit Brünnhilde extasiée.

C'est de l'armure de Brünnhilde que Siegfried est vêtu ; la Walkyrie déchue, résignée aux joies et aux faiblesses de l'amour, tient par la bride son cheval Grane, qui est à présent le cheval du héros.

En échange de ses armes, elle a reçu l'Anneau ; l'anneau fatal, sur qui pèse la malédiction du Niebelung, n'est plus qu'une bague de fiançailles.

« Va, pars ! dit Brünnhilde dans une mélodie exquise, qu'interrompt ou prolonge la voix de Siegfried ; quitte-moi pour les aventures, et laisse Brünnhilde t'attendre dans la solitude de ses espérances. Il faut que le héros combatte par le monde, et que l'épouse veille fidèlement dans la demeure aux murailles de flammes. Adieu, pars et reviens ! » Scène adorable, où Richard Wagner a versé toutes les douceurs de deux âmes amoureuses, et qui fait venir aux yeux des larmes d'attendrissement. De loin, la sonnerie du cor de Siegfried répond longtemps aux bras tendus, aux baisers envoyés de Brünnhilde qui se dresse à la cime de la roche.

Dans la salle des Gibichungen, largement ouverte sur le Rhin, Gunther et sa sœur Gutrune boivent gravement l'hydromel en compagnie du guerrier Hagen, le fils obscur d'Alberich ; car le Niebelung voleur de l'Or s'est engendré un fils, à l'exemple de Wotan, pour reconquérir l'Anneau.

— Non, Gunther, non, Gutrune, dit Hagen fécond en ruses, vous n'êtes point heureux, malgré votre gloire et vos richesses, car il vous manque, à toi, Gunther, une femme, à toi, Gutrune, un époux.

Je sais qu'au milieu des flammes la plus belle des vierges est endormie ; un seul peut l'éveiller, c'est Siegfried, le plus fort des héros, le fils des loups divins. Qu'il l'éveille pour toi, Gunther, et obtienne, pour prix de son service, de dormir auprès de ta sœur Gutrune.

— Hélas ! dit Gutrune coquette, en qui un désir s'éveille, puisque Siegfried est le plus fort des héros, plus d'une femme doit l'aimer ; il doit en aimer quelqu'une.

— N'est-il pas des enchantements ? répond Hagen. Quand Siegfried aura bu le breuvage préparé par ma main, il oubliera toutes les femmes qu'il aura vues avant de te voir !

En ce moment le cor de Siegfried retentit sur le Rhin. Il vient, le beau chercheur d'aventures, tout resplendissant de l'armure de sa maîtresse. Grane, fidèle, est avec lui.

— Suis-je l'ami ou l'ennemi? lui dit-il. Dois-je entrer en frère, ou d'abord combattre sur le seuil ?

Tous l'accueillent avec joie. La liqueur d'oubli est versée ; Siegfried, qui a vidé la corne en l'honneur de Brünnhilde, trouve maintenant que Gutrune est bien belle.

— Holà ! toi qui me brûles avec l'éclair de ton regard, pourquoi baisses-tu l'œil devant moi ?

La perverse Gutrune, rougissante, ouvre les yeux vers lui.

— Gunther ! s'écrie Siegfried, donne-moi ta sœur pour femme !

Car le héros ne se souvient plus de la bien-aimée Brünnhilde. Est-ce l'effet du breuvage, ou n'est-ce qu'un oubli familier aux cœurs aventureux des jeunes hommes ? Richard Wagner, qui modifie rarement les inventions naïves de la légende, indique toujours très clairement les symboles qu'elles recèlent. C'en est fait, Siegfried ira conquérir Brünnhilde pour Gunther, et sera le mari de Gutrune. La fraternité d'armes est jurée par Gunther et Siegfried ; chacun d'eux a bu du sang de l'autre, et c'est le traître Hagen qui a présidé au serment, et qui brise la corne de concorde, où personne ne doit plus boire désormais.

Seule, sur sa montagne, Brünnhilde s'étonne d'un violent galop de cheval qui retentit parmi l'air. L'orchestre, violemment rythmé, lui rappelle les courses effrénées des antiques Walkyries, et, sous les fers du cheval qui se rapproche, l'éclair jaillit du nuage comme l'étincelle du caillou. « Sœur misérable ! dit une vierge armée, brusquement apparue, reconnais Waltraute ta sœur. O désespoir, ô crépuscule fatal ! Les dieux sont tristes dans le Walhalla, et Wotan, affaibli, s'appuie aux tronçons de sa lance, sous le croassement de ses corbeaux familiers. Tu possèdes l'Anneau, Brünnhilde. Qu'il soit rendu aux filles gémissantes du Rhin. Livre l'anneau, sauve les dieux !

— Quel anneau ? dit Brünnhilde.

— L'Anneau fatal, l'anneau qui rend tout-puissant !

— Je ne connais qu'un anneau, celui qui rend tout heureuse ! celui que m'a mis au doigt Siegfried, mon beau héros. Quoi ! pour satisfaire les filles pleurantes du Rhin, pour chasser le crépuscule qui s'étend sur les dieux, pour que Wotan, mon père, se réjouisse à jamais dans le Walhalla, pour que tout, enfin, soit sauvé, je donnerais la bague que Siegfried m'a donnée? Ah! tu as perdu l'esprit, je pense! » Waltraute fuit, pleine de malédictions. L'air s'assombrit autour de Brünnhilde. Les flammes qui la gardent frémissent dans l'orchestre sur un rythme plus menaçant. Une fanfare s'élève, la fanfare de Siegfried; mais, à mesure qu'elle s'approche, elle se déforme, devient peu à peu le thème de Gunther, et l'homme qui est là, debout, parmi les flammes vaincues, ce n'est pas le héros Siegfried.

Hélas! pour conquérir Brünnhilde au frère de Gutrune, Siegfried, grâce au Tarnhelm, a pris la forme de Gunther.

Oublieux des ivresses récentes, il s'empare, pour un autre, de celle qui est à lui.

Guerrière jadis, elle veut résister, mais il a conservé sa force sous son déguisement. Ils luttent corps à corps, elle succombe, et rude, forcené, cruel, — lui, Siegfried, cruel pour Brünnhilde ! — il lui arrache, pendant que l'orchestre pleure le thème de leurs amours, l'anneau qu'il lui donna naguère, l'anneau que même pour le salut des dieux elle n'a pas voulu livrer !

Devant la salle des Gibichungen, Hagen, appuyé sur sa lance, a veillé toute la nuit, roulant de mauvaises pensées, écoutant dans les ténèbres les conseils du rampant Alberich, son père. Il a été le veilleur sinistre, prêt à écarter le bonheur s'il eût demandé l'hospitalité. L'orchestre s'éclaire, le jour s'est levé, le jour du double hymen ; Siegfried, ayant conquis Brünnhilde, possédera Gutrune. D'une voix tonnante,

Hagen, debout sur un rocher, convoque les hommes du domaine. « Hoiho ! hoiho ! guerriers ! accourez en armes ! le malheur, le malheur est ici ! » Un à un les hommes arrivent, violents et superbes. Un chœur farouche se forme de cent cris divers. « Que sonne le cor ? qu'annonce la voix ? Hoiho ! hoiho ! Hagen ! Hagen ! quel malheur est survenu ? » Hagen répond : « Gunther aujourd'hui prend femme, » et les hommes s'écrient : « Est-ce là le malheur ? Certes, il y aura grande joie sur le Rhin, puisque le sombre Hagen plaisante de la sorte. »

Parmi les chants de joie, en effet, les deux couples s'avancent ; et Brünnhilde a vu son amant dans les bras de Gutrune !

Siegfried, insoucieux et qui caresse les cheveux de sa fiancée ; Gunther, dévoré de soupçons ; Hagen, exultant dans la joie de sa victoire prochaine ; Gutrune, qui sourit, vaguement inquiète, et, parmi les voix alarmées de la foule, Brünnhilde, debout, Brünnhilde, effrayante, crachant à la face du traître héros les imprécations de l'amour outragé ! Telle est cette terrible scène qui, après un silence scandé par l'effroi de l'or·chestre, éclate avec la soudaineté et la violence d'un coup de foudre.

Cependant, Gutrune et Siegfried, dans leur égoïsme d'amoureux, veulent qu'on les marie. Les noces, de nouveau, chantent et mènent leur joie. Seuls, dans un coin de la fête, que leur groupe assombrit, Gunther, se jugeant trahi par son frère d'armes ; Hagen, envieux de l'Anneau fatal qui brille au doigt de Siegfried, et Brünnhilde, embrasée d'a·mour et de haine, jurent la mort du héros dans un ensemble qui est une des pages des plus grandioses de Richard Wagner. Des enfants, par centaines, jettent des fleurs autour du pacte sinistre.

Les vagues profondes du Rhin coulent de nouveau dans la fluidité de l'orchestre ; la mélodie du fleuve qui se déroule au grand soleil, vient mourir au pied des rochers du bord. Les trois filles du Rhin, sur un thème nouveau, plus délicieux peut-être que le motif entendu dans l'Or du Rhin, nagent et se poursuivent, et guettent Siegfried, qui chasse l'ours dans la forêt. Il arrive, sautant de roche en roche, sonnant du cor, joyeux. Elles raillent le chasseur égaré. « Il est fort beau, chantent-elles, quel dommage qu'il soit niais ! Que nous donneras-tu, Siegfried, si nous t'indiquons le chemin vers tes compagnons ? Rends-nous l'anneau d'or qui scintille à ton doigt, car il est à nous, l'An-

neau. » Les dieux pourraient encore être
sauvés ! Que leur fils jette aux nixes la
bague fatale... Mais il s'est irrité, le farouche héros, des railleries qu'on fait de lui,
et c'est à coups de pierre qu'il chasse ces
« poissons » impertinents dans les profondeurs du fleuve.

Les chasseurs sont assemblés par groupes
sur les rochers de la rive. Hagen guette le
moment propice. « Assieds-toi, dit-il, et
bois, et dis-nous tes aventures, ô bel aven-
turier ! » Alors Siegfried, confiant et naïf,
conte ce qu'il a fait. Au moment où la mort
sournoise l'épie, il se rappelle son enfance
dans la forêt pleine d'ours et de rossignols.
Les cent voix de l'orchestre racontent avec
lui et, ce qu'il a oublié, elles le savent. Il
dit le nain Mime hideux et le dragon vaincu ;
il chante le chant de l'oiseau qui parlait

dans le bois. Ineffable tristesse de cette mélodie ailée au milieu du désastre qui s'ap-
prête ! Tout à coup — la ligne de ses souvenirs l'a-t-elle conduit naturellement à
Brünnhilde, ou bien sa mémoire revenue
est-elle un effet du nouveau breuvage que
Hagen lui verse pour redoubler l'angoisse
de la mort ? — tout à coup, il se dresse.
« Brünnhilde ! ô bien-aimée ! ô les chers
bras de Brünnhilde ! » Et c'est au moment
où il songe à sa maîtresse avec la douceur
de l'extase ancienne qu'il reçoit dans les
reins le coup de lance de Hagen.

Après de tendres plaintes, entrecoupées
par le râle, et où revient sans cesse le
même nom adoré, trop longtemps oublié,
Siegfried succombe. Une marche funèbre
émane de l'orchestre. On peut dire que cette
page égale, si elle ne les surpasse, les plus

majestueuses inspirations de Beethoven, et l'effet en est redoublé par la grandeur de la situation dramatique. Le sinistre convoi des guerriers qui portent le cadavre gravit péniblement la montagne, suivi par les blancheurs plaintives de la lune.

Dans la demeure des Gibichungen, la nuit, Gutrune attend son frère Gunther et son mari Siegfried. Des lamentations éclatent et le corps du héros est porté au milieu de la salle, parmi les sanglots des femmes et les clameurs des guerriers.

Hagen, d'un mouvement rapide, veut arracher la bague que porte le doigt du cadavre; mais, par un dernier effort de Wotan peut-être, défenseur de l'Anneau, le mort a levé le bras, qui lentement retombe. La foule pousse des cris de terreur! Hagen lui-même recule, et s'enfonce dans des rêveries.

— Qui donc ose pleurer quand je ne pleure pas? Mon époux, c'était lui, mon amour, ma vie, c'était lui! quelle douleur tenterait de s'égaler à la mienne?

Ainsi parle Brünnhilde. Elle est entrée sans sanglots, paisible. L'orchestre cruel chante les thèmes des amours brisées et des serments rompus; elle reprend :

— Amenez-moi Grane, mon cheval, et construisez un bûcher pour le héros assassiné.

Et pendant qu'au fond de la scène, près du Rhin, les troncs d'arbres s'accumulent, elle, debout, les bras levés, seule tranquille dans le désespoir des femmes, elle chante avec la voix inspirée des antiques prophétesses :

— Il est mort, le dernier fils des dieux, il est mort sans avoir rendu l'Anneau! et moi, je sais, je vois ; mon œil, où les larmes ont séché, pénètre dans les profondeurs de l'avenir !

Elle est montée, avec son cheval, sur le bûcher de Siegfried. Les flammes déjà pétillent et grandissent.

— Tombez, race des dieux coupables, que n'ont pu sauver les fils rédempteurs ! écroulez-vous, colonnes du Walhalla ! C'en est fait des divinités et des héros féroces ! le règne de l'homme commence, et je célèbre l'heure lumineuse où l'humanité se réjouira dans l'universel amour ! »

Les flammes ont envahi la salle. Les murs s'ébranlent. Les toits croulent. Le Rhin, où les nixes innocentes jouent avec l'anneau que leur a jeté la pitié de Brünnhilde, le Rhin que lèchent les vagues du feu, entre à son tour dans la maison. Mais

la demeure héroïque ne sera pas seule dé-
truite. Les flammes du bûcher de Siegfried
ont gagné le Walhalla ! le ciel s'embrase
comme la terre. Loge, le destructeur éternel, triomphe. Sa mélodie, rendue frénétique par la victoire, se déchaîne furieusement, et le quadruple drame s'achève dans
une formidable vision d'incendie ! Mais l'orchestre chante glorieusement que, plus tard,
quand l'ombre se sera faite sur toute cette
splendeur fatale, une lumière nouvelle se
lèvera sur la terre et dans les cieux rassé-
rénés, et que ce sera ta lumière, soleil paisible de l'amour !

Tel est, dans son ensemble esquissé à la
hâte, cet ouvrage colossal. Cette fois, par
la double splendeur de la poésie et de la
musique étroitement unies en vue du
drame, s'est affirmé absolument, — si l'on

se place, comme il convient, au point de vue germanique — l'art nouveau créé par Richard Wagner. Notez que j'écris « au point de vue germanique ». En effet, les formes du drame musical doivent varier selon les nationalités; et je dirai bientôt toute ma pensée là-dessus. Mais, tant qu'il s'agit de l'*Anneau du Niebelung*, œuvre *nationale*, il est nécessaire, en dépit des plus légitimes répugnances, de juger, non pas toujours, mais quelquefois, selon l'esprit allemand.

La vaste épopée de Richard Wagner offre ceci de frappant, qu'elle peut intéresser les âmes les plus simples et faire penser les plus hauts esprits : elle est naïve, presque puérile parfois; voyez mieux : elle est profonde, et vous aurez peine à la suivre dans les abîmes de rêve où elle vous entraine.

21.

C'est que le poète-musicien, tout en se con-
formant à la lettre des mythes primitifs,
excelle à en démêler, à en révéler les symboles. Le public français refuserait-il d'être
ému par une œuvre de cette espèce ? je
crois que oui. En est-elle moins admirable ?
je crois que non.

Très diverse dans son unité, elle fait songer à la tragédie eschylienne par ses grandes
scènes où, toujours paisibles même dans la
colère, toujours suprêmes même dans le
crime, les dieux expriment longuement leurs
angoisses et leurs espérances ; la candeur
des vieux Mystères se montre çà et là, tout
à coup troublée par des raffinements modernes d'une singulière subtilité ; et la mise
en œuvre simple à la fois et si tragique des
passions, le lyrisme mêlé au drame, assez
rarement toutefois, éveille l'idée du divin

Shakespeare. — Mais non, on se trouve ici en présence d'un art dramatique qui se rattache mal aux arts dramatiques connus jusqu'à ce jour, et d'où émane une émotion nouvelle, incomparablement puissante et délicieuse.

Maintenant, qu'il soit permis de rire aux personnes dont c'est le goût ou la profession. Ceux qui bâillent en lisant l'*Iliade;* qui ont entendu parler de l'*Edda* par un de leurs amis, entré un jour qu'il pleuvait dans un amphithéâtre du collège de France; ceux qui, s'ils avaient jamais tenté de lire le *Ramayana* se seraient endormis dès la troisième page, ne nous déplairont guère en raillant l'*Anneau du Niebelung*. « Un poème dramatique où il s'agit des héros et des dieux, voilà une belle invention ! Eh ! qui donc s'occupe aujourd'hui des dieux et

des héros ? » Personne, monsieur, personne,
si ce n'est Victor Hugo, Leconte de Lisle,
Richard Wagner. Il faut plaindre ces gens
arriérés. — Quant aux vieilles plaisanteries
sur le fracas de l'orchestre wagnérien, sur
les miaulements de chat ou les aboiements
de chien imités par les instruments, elles
ont toujours quelque agrément ; et ces
niaiseries-là ne nuisent plus qu'à ceux
qui les écrivent.

PARSIFAL

PARSIFAL

En face de cette œuvre inouïe, parfaite, inconcevable, effort extrême du génie humain, ou plutôt œuvre divine, l'admiration ne sait comment s'exprimer, bégaye, se tait. Vous ne trouverez ici, sans paroles de louange, sans tentative de critique, qu'un pâle et terne récit.....

Sublime et délicieux, avec la fierté d'un nid d'aigle et la douceur d'un nid de colombe, plus haut que ne montent les bruits humains, plus haut même que la pureté des neiges vierges, s'élève le mystérieux séjour de la Chevalerie sacerdotale. Là est la Lance, là est le Calice, la lance qui perça Jésus, le calice où les anges recueillirent les gouttes de la divine plaie, rosée adorable du salut; et ceux qui furent élus pour servir et défendre le Calice et la Lance, entourent chaque jour la table où s'accomplit le mystère de la Cène. « En cette dernière agape d'amour, chaque jour préparée, bien que pour la dernière fois peut-être il s'en extasie aujourd'hui, qu'à celui qui se réjouit d'une bonne action s'offre le repas renouvelé; il peut s'approcher de la fraicheur rassermenté, il peut recevoir le sublime don ! » Du haut de la coupole, dans l'air vague et pâle, dernière brume de l'encens peut-être ou premières nuées du paradis, descendent comme un vol d'ailes sonores des voix pures d'enfants, qui sont peut-être des

voix d'anges. « La foi vit, la Colombe
plane, messagère propice du Sauveur. De
ce vin qui coule pour vous, délectez-vous
de ce vin, et prenez le pain de vie ! »
Alors sur le calice dévoilé tombe des
célestes hauteurs un rayon éblouissant.
« O saintes délices ! s'écrie le vieux Titurel,
l'ancêtre auguste, celui qui vit près de la
tombe par la grâce de Jésus ; combien
lumineusement nous salue aujourd'hui le
Seigneur ! » Et les voix des angéliques
enfants : « Le vin et le pain de la dernière
agape, le Seigneur les a changés par la
force d'amour de la compassion en le sang
qu'il a versé, en le corps qu'il a offert. »
Et les chevaliers-prêtres, bienheureux dans
la foi, bienheureux dans l'amour, s'assoient,
mangent et boivent, se rassasient de Dieu !

Mais Amfortas, le célébrant du sublime

mystère, est déchiré d'abominables tortures,
quand le Calice se dévoile, rouge du sang
rédempteur. « Non ! non ! laissez-le couvert ! Oh ! que nul, que nul ne mesure
le tourment qu'éveille en moi le spectacle
qui vous ravit ! Qu'est-ce que ma plaie,
avec son paroxysme de douleurs, au prix de
la détresse, au prix de l'infernal martyre
d'être maudit en le sacerdoce, — douloureux patrimoine dont j'ai démérité, moi,
le seul pécheur entre tous, — en le sacerdoce de servir la suprême Relique
et de faire descendre sa bénédiction sur
les Purs! Oh ! châtiment ! châtiment sans
exemple de celui, hélas! mortifié, qui fut si
riche en grâces !... le rayon de lumière
descend sur l'œuvre sainte ; le voile s'écarte ;
la divine liqueur du Calice projette un
violent flamboiement ; convulsé par la très

délicieuse angoisse de la jouissance, je sens
ruisseler en mon cœur la source du sang
sacré ; mais tout mon propre sang pécheur,
en un recul éperdu, reflue, veut se répandre
avec une sauvage horreur dans le monde
de l'iniquité!.. Pitié! pitié! ah! tout miséricordieux, pitié!... » Car Amfortas est tombé
dans les pièges du diabolique Klingsor, et
rien n'égale les affres qu'il endure, ayant le
péché en lui, devant le symbole de la pureté
et la grâce.

Dans le palais de Klingsor séjournent et
s'éternisent les charmes et le mal. Là sont
toutes les tentations, toutes les embûches ;
là le Déchu, l'Impuissant, à qui les provi-
dences permettent d'éphémères victoires,
médite la chute des divins et des forts, avec
Kundry pour innocente complice. Qu'est-ce
que Kundry ? La femme infernale et divine

en son inconscience, la femelle instinctive,
servante du bien, esclave du mal. Tous les
dévouements, elle en est capable : c'est elle
qui va chercher en Arabie le baume dont
s'apaiseront peut-être les angoisses d'Amfortas, elle qui, méprisée, repoussée, ne
veut pour tous les services aucun remer-
ciement, et se couche comme une bête ram-
pante sous les talons qui la frappent ; toutes
les trahisons, toutes les infamies, elle en est
capable aussi : c'est elle, la tentatrice, qui
ouvre aux héros sacrés le piège de ses bras,
et les entraîne, extasiés, dans la damnation.
Haillonneuse, échevelée, sauvage chez les
chevaliers du Gral, l'air d'une hyène qui
serait bonne ; vêtue, dans les jardins en-
chantés de Klingsor, de magnifiques étoffes
où rayonne sa chair plus magnifique, des
fleurs et des joyaux mêlés à ses cheveux

caressants et câlins comme des enlacements de lianes, elle vit cette double vie, et l'a déjà vécue, en des existences de jadis : elle a été l'Hérodias qui se fit porter sur un plat d'or la tête du précurseur, et qui, la voyant morte, comme elle l'avait voulue, la baisa sur la bouche, — pleine d'un sanglotant repentir !

Pendant l'une des heures fatales où elle est soumise à l'enfer, le roi Amfortas s'est endormi dans les bras de la séductrice ; il avait près de lui la Lance sacrée. Soudain un cri de mort a retenti : Klingsor s'est enfui en emportant la Lance, après en avoir frappé le chevalier à la place même où fut frappé Jésus. Depuis ce temps, Amfortas, dont la plaie saigne éternellement, mais qui garde en lui cette plaie plus cruelle, le remords du péché, n'accomplit plus qu'avec

d'intolérables tourments ses fonctions au-
gustes, et le deuil plane sur le Mont du
salut, comme sur de la neige l'ombre d'un
nuage noir.

Qui donc rachètera le péché? qui donc,
tenant en main la **Lance** qui peut seule gué-
rir la blessure qu'elle a faite, fermera la
plaie d'Amfortas, et chassera toutes les
ombres du séjour de la lumineuse foi?

Le pur, le simple, l'ingénu, qui fut annoncé
par la clarté parlante, le farouche et doux
enfant qui va par les chemins, abattant le
cygne sauvage qui passe.

« C'est lui! c'est lui qui a tiré! Voici l'arc!
Voici la flèche pareille! » s'écrient épouvantés
les écuyers des chevaliers du Gral. — Quoi!
dit Gurnemans, c'est toi qui as blessé le cygne?

PARSIFAL. — Sans doute! je tue au vol ce
qui vole.

GURNEMANS. — Action inouïe! tu as pu tuer? Ici, dans cette forêt sacrée!... dis, garçon, reconnais-tu ta grande faute? Comment as-tu pu la commettre?

PARSIFAL. — Je ne savais pas...

GURNEMANS. — D'où arrives-tu?

PARSIFAL. — Je n'en sais rien.

GURNEMANS. — Qui t'amena de ce côté?

PARSIFAL. — Je ne sais pas.

GURNEMANS. — Alors, ton nom?

PARSIFAL. — J'en avais plusieurs, mais je n'en sais plus un.....

GURNEMANS. — Voyons, parle. Tu ne sais rien de ce que je te demande? eh bien! dis ce que tu sais; car, enfin, tu dois savoir quelque chose?

PARSIFAL. — J'ai une mère; elle s'appelle Souffrance-du-Cœur. Dans les bois, dans la plaine sauvage, nous habitions. »

Et cet ignorant sera le sauveur ! Lui seul, élu par le Gral, — car la miséricorde est en lui, — triomphera de la puissance et des embûches de Klingsor. Il suit, — dans une inconscience égale à celle de Kundry, — le chemin que lui ouvre la prédestination. Les chevaliers qui défendent le palais de l'enchanteur essayent en vain de lui résister ; il les chasse comme un grand vent éparpille des feuilles mortes. Souriantes et traîtresses, futiles et redoutables, avec tous les enfantillages et toutes les luxures, les jeunes filles du jardin diabolique l'entourent de leurs jeux et de leurs caresses ; il n'y entend pas malice, l'innocent, et se sauve de la chute par la puérilité du consentement. Même l'invincible Kundry, l'éternelle et fatale courtisane ne triomphe pas de lui, et le baiser dont elle croit le vaincre n'a d'autre effet que d'éveiller en lui, avec l'épouvante du mal, la conscience lumineuse du bien. Il sent! il comprend! il sait! il repousse, plein de pitié pourtant, la femme, — innocente aussi, puisqu'elle ne savait pas! — qui lui tendit le piège, et, vainqueur de Klingsor, il conquiert la Lance et l'emporte, tandis que s'écroulent et se fanent dans les jardins de la tentation les vaines apparences de la diabolique beauté.

Et c'est maintenant le vendredi saint dans une vallée du Mont Salvat. Le vieux Gurnemans est là, avec Kundry, farouche et silencieuse. « Que veux-tu? lui a demandé le vieillard. — Servir! » et après cette parole, elle ne parlera plus. Cependant il paraît, le héros pur, le victorieux, et tandis que Gurnemans, ayant reconnu l'Innocent de qui doit venir le salut, le dépouille de ses armes,

Kundry lave dans l'eau de la source les pieds de Parsifal et les essuie avec ses cheveux. Alors le sauveur lève sa main mouillée de l'eau du ruisseau sur le front de Kundry, et, tendrement solennel : « C'est ainsi que j'accomplis ma première fonction ; reçois le baptême et crois en le Rédempteur ! » Car, même avant Amfortas, victime de la tentation, l'instigatrice du péché devait être sauvée ; c'est par la plus criminelle que devait commencer la rédemption ! et tandis que la femme baisse la tête et pleure amèrement dans l'infini de son repentir : « Oh ! s'écrie Parsifal, comme la prairie me semble belle aujourd'hui ! j'ai rencontré, il est vrai, de merveilleuses Fleurs qui malicieusement m'enveloppaient jusqu'à la tête ; mais jamais je ne vis si aimables et si tendres les brins d'herbe, les boutons éclos, les fleurs, et tout respire avec une douceur d'enfance et me parle si tendrement, si délicieusement !

GURNEMANS. — C'est la merveille du vendredi saint, Seigneur !

PARSIFAL. — Oh ! hélas ! du suprême jour de douleur. Tout ce qui fleurit, respire, vit et revit, devrait, me semble-t-il, se désoler, hélas! et pleurer.

GURNEMANS. — Tu vois ! il n'en est pas ainsi ! — Ce sont les larmes du pécheur repenti qui aujourd'hui d'une rosée céleste arrosent la plaine et les prés ;... maintenant que toute créature se réjouisse sur la trace propice du Sauveur, et lui consacre ses prières !...

Kundry a relevé lentement la tête ; les yeux mouillés de larmes, elle regarde Parsifal avec une adoration calme, suppliante aussi, et Parsifal, qui la considère : « J'ai vu se flétrir les Fleurs pécheresses qui me souriaient ; est-ce que, maintenant, elles aspirent à la rédemption ? Que tes larmes aussi, ô femme ! te deviennent comme une rosée de bénédiction ! Tu pleures, — vois ! la plaine sourit. » Et pendant que sonnent les cloches lointaines, il la baise lentement sur le front.

Or, dans le temple, c'est l'heure de la Cène ; Amfortas, tourné vers le cadavre de Titurel que portent dans le cercueil ouvert les chevaliers du Gral, refuse de remplir une fois de plus la fonction sublime dont se torture son âme pécheresse. « Mon père ! le plus sacré des héros ! toi le plus pur, sur qui s'inclinent les anges ! Je voulais mourir, c'est à toi que j'ai donné la mort. Oh ! toi qui, à présent, parmi la splendeur céleste, contemples le rédempteur

lui-même, obtiens de lui, si sa bénédiction
une fois encore doit ranimer les Frères, que
son sang sacré, comme à eux une nouvelle
vie, me donne à moi la mort, enfin ! la mort !
mourir ! grâce unique ! mon père ! je crie vers
toi, crie à ton tour vers Dieu, oh ! pour moi
crie : « Sauveur ! donne à mon fils la paix. »

LES CHEVALIERS. — Découvrez le tabernacle ! accomplissez la cérémonie ! Ton
père te rappelle à ton devoir : Tu le dois !
tu le dois !

AMFORTAS. — Non ! non ! plus jamais !...
me voici ! voici la plaie ouverte ! ici coule
mon sang ! le sang qui m'a empoisonné.
Brandissez les armes ! plongez, plongez vos
épées profondément, profondément, jusqu'à
la garde ! vous, héros, allons, tuez le pécheur
avec son supplice ; de lui-même alors, pour
vous, le Gral resplendira ! »

Mais Parsifal apparait, et de la Lance il touche le flanc d'Amfortas.

« Sois guéri, purifié et absous ! c'est moi désormais qui remplirai la mission sacrée.... découvrez le Gral ! ouvrez le tabernacle ! » et, tandis que Amfortas et Gurnemans extasiés adorent le sauveur, tandis que Kundry rachetée rend l'âme aux pieds de Parsifal, lui, debout sous les voix angéliques qui descendent des cieux, pareilles à un vol d'ailes sonores, il lève le calice où flamboie le sang rédempteur, et le mystère divin s'accomplit sur le Mont du Salut, dans le mystérieux séjour de la chevalerie sacerdotale.

La vie intellectuelle de Richard Wagner s'est achevée en cette œuvre de pureté sacrée et d'angélique foi ! Après *Parsifal*, plus rien, — pas même un commencement d'entreprise. Logiquement, il en devait être ainsi. Oui, logiquement, car les accidents humains ne sont pas autre chose que des déductions de la raison suprême : et si, en bien des cas, l'infirmité de notre pensée ne nous permet pas de constater la nécessité rationnelle à laquelle obéit ce que nous nommons le hasard, ici nous la distinguons nettement, et nous l'approuvons. Quelle œuvre eût été digne, — celle-ci accomplie, — d'être réalisée par Richard Wagner ? Parvenu aux plus religieuses cimes du Rêve, pouvait-il en déchoir ? retourner parmi les hommes après avoir été si près de Dieu, quelle inutilité, et quelle invraisemblance ! Ce qui porterait à croire que Moïse n'est point monté sur le Sina, c'est qu'il a dit : « Voyez, j'en descends. » Comment ! celui dont le flanc avait saigné comme le flanc d'Amfortas, aurait pleuré de nouveau les vaines angoisses humaines ; il aurait chanté encore les amères joies d'ici-bas, celui qui avait levé, extatique, vers le ciel, le calice qu'emplit le divin sang rédempteur ? S'imagine-t-on, après *Parsifal*, cet évangile, des drames comme *Tristan et Iseult*, des comédies comme les *Maîtres chanteurs*, même des épopées comme *l'Anneau du Niebelung* ! Non, en entrant, sur le Mont Salvat de Titurel, dans le temple auguste, non pas bâti de marbre blanc, mais de candeur et de foi, où Lohengrin lui-même, conduit par le cygne, n'eût pas été reçu parmi les héros-prêtres, l'esprit de Richard Wagner s'était interdit le retour vers les passions, vers les pleurs, vers les rêves, vers les grandeurs même du songe terrestre ; la porte sacrée s'était close derrière lui. Et ce qui était logique et glorieux pour l'artiste, fut salutaire pour l'homme. A Richard Wagner, cœur tourmenté, et peut-être hanté du repentir des haines, la grâce a été donnée de mourir en priant.

Quelle doit être, quelle sera sur l'art français l'influence de la théorie et de l'œuvre wagnériennes? Les musiciens de notre pays, qui, après avoir lu ce livre, et connaissant mon enthousiasme pour Richard Wagner, attendent de moi le conseil de se faire les aveugles disciples de l'illustre novateur, seront quelque peu déçus. Le Drame musical existe désormais en Allemagne; il n'existera véritablement en France qu'à la condition de ne point ressembler à son frère allemand. C'est dans l'art dramatique surtout que doivent s'affirmer les nationalités. J'ai essayé d'exprimer brièvement toute ma pensée dans les pages qui suivent.

LE JEUNE PRIX DE ROME

ET LE VIEUX WAGNÉRISTE

LE JEUNE PRIX DE ROME

ET LE VIEUX WAGNÉRISTE

LE PRIX DE ROME. — Ainsi, c'est vrai ?

LE WAGNÉRISTE. — C'est vrai.

LE PRIX DE ROME. — L'œuvre de Richard Wagner ?

LE WAGNÉRISTE. — Sublime. Où courez-vous si vite, mon jeune ami ?

LE PRIX DE ROME. — Je vais à la bibliothèque du Conservatoire étudier les partitions de Richard Wagner.

LE WAGNÉRISTE. — Voilà qui est bien. Il faut étudier les ouvrages des maîtres. A mon sens, la connaissance intime des chefs·

d'œuvre favorise, au lieu de la gêner, l'in-
dépendance d'inspiration. Mais vous sem-
blez bien pressé d'étudier. N'auriez-vous
pas, parlons franchement, quelque but
moins avouable?

LE PRIX DE ROME. — Vous ne devinez
pas? — Quoi! *Tristan et Iseult*, *l'Anneau
du Niebelung*, *Parsifal*, manifestations
suprêmes du génie wagnérien, sont accla-
més par l'élite intellectuelle de l'Allemagne,
et nous laisserions tout entière à une nation
que nous aimons peu une gloire que nous
pouvons lui ravir? Il faut que le drame
musical soit fondé en France

LE WAGNÉRISTE. — Certes, il le faut. Mais
par quel moyen?

LE PRIX DE ROME. — Étudions l'homme
nouveau, approprions-nous son génie, sa
manière...

LE WAGNÉRISTE. — Arrêtez ! Si vous ouvrez dans cette pensée une seule partition
de Richard Wagner, fût-ce *Lohengrin*,
fût-ce le *Vaisseau-Fantôme*, vous êtes
perdu pour la musique française. Dans le
domaine de l'art, on n'égale qu'à la condition de différer et, en outre, de tous les
modèles que vous pourriez vous proposer,
Richard Wagner est précisément le plus
dangereux.

LE PRIX DE ROME. — C'est vous qui dites
cela !

LE WAGNÉRISTE. — Moi-même. Richard
Wagner est l'Allemand par excellence !
Étant à la fois poète et musicien, il contient
à lui seul autant d'Allemagne que le poète
Goethe et le musicien Beethoven. Il a,
poussés à l'extrême, — car il est de l'espèce
des génies excessifs, — toutes les qualités et

tous les défauts d'une race qui, après avoir
écrit le premier *Faust*, croit devoir écrire
le second, et à qui il ne faut pas moins de
trois tragédies pour mettre en scène l'histoire de Wallenstein ! Son drame — non
pas toujours, mais quelquefois — évite la
vivacité de l'action, s'attarde à de longs récits, s'étale en de vastes développements
de caractères ou de passions, s'idéalise par
la recherche des symboles jusqu'à devenir
irréel, et n'en est pas moins poignant, au
point de vue du peuple pour lequel il a été
conçu, n'en doit pas paraitre moins admirable au critique loyal qui fait la part des
nationalités. Mais vous, créateur, n'empruntez rien à une personnalité qui n'est
pas, qui ne peut pas être la vôtre. L'esprit
français, c'est l'esprit clair, précis, rapide
au but ; soyez puissant, hautain, sublime,

— et net. Même quand il s'agit de musique pure, repoussez l'influence des maitres allemands. Admirez, n'imitez pas. Musicien de chambre, écartez-vous de Raff ; symphoniste, défiez-vous de Schumann. Que se passe-t-il autour de nous ? Parmi les jeunes musiciens de France, il y a certainement des artistes considérables par le talent et par le savoir ; plusieurs sont considérés à l'étranger comme des maitres ; mais ne sentez-vous pas dans leurs plus belles œuvres instrumentales l'infiltration de plus en plus pénétrante de l'inspiration germanique ? De là l'indifférence à leur égard d'une grande partie de notre public ; on applaudit sincèrement l'opérette, qui satisfait du moins un des besoins de notre race, — le moins noble, il est vrai, — et l'on n'estime que par bon ton des œuvres vraiment élevées, dont l'essence nous est étrangère. Cela est fâcheux, mais jusqu'à un certain point, légitime. Et, je vous prie de le remarquer, lorsque les musiciens nouveaux, se manifestant dans le drame, voudront se mettre en communion plus directe avec l'âme de tous, cette absence de *nationalité* leur sera encore plus fatale !

LE PRIX DE ROME. — Mais, monsieur, nous avons des Sociétés nationales de musique, et tous les compositeurs modernes affirment les tendances exclusivement françaises de leur art.

LE WAGNÉRISTE. — Ajoutez qu'en les affirmant ils sont sincères ; mais je crains qu'ils ne se trompent. Que dit l'étiquette ? « Château-Laffitte » ou « Champagne-Clicquot. « Dans le verre, le laffitte est du rudes heimer, et le clicquot du johannis-

berg. Nous avons soif de vins français !
Qu'est-ce donc enfin qui vous empêche d'être
tout à fait de votre pays? Si vous pensez,
comme je le pense, que les sujets historiques conviennent mal au drame musical
(il y a peu d'idées au monde plus saugre-
nues que celles de faire chanter une ariette
à Louis XIV ou à Napoléon Ier, et c'est à
cela qu'on en viendrait fatalement), si vous
croyez que la légende est le domaine d'élec-
tion de la musique théâtrale, ne trouverez-
vous pas dans les vieilles épopées françaises de magnifiques sources d'inspira·
tion? Les Chansons de geste, avec leurs
héroïques aventures d'amour et de bataille,
vous offrent par centaines d'admirables
sujets. Lisez nos romans de chevalerie,
qui vivent encore dans l'esprit populaire,
dépouillez-les des ornements médiocres

dont ils ont été maladroitement enjolivés, et, une fois restitués dans leur simplicité première, transformez-les de nouveau, selon les inévitables lois du théâtre moderne. En agissant de la sorte vous ferez œuvre véritablement nationale, et le public vous comprendra, car il retrouvera dans votre drame issu du cœur même de la nation, la vie, l'enthousiasme, la gaieté, l'héroïsme, tout ce qui constitue la personnalité de la race française.

LE PRIX DE ROME. — Il y a peut-être quelque vérité dans ce que vous venez de dire. *Roland*, opéra médiocre, n'a pas été mal accueilli, et l'on a applaudi la *Fille de Roland*, tragédie honorable. Mais vous ne parlez pas de la musique, qui a bien quelque importance cependant, lorsqu'il s'agit du drame lyrique.

L'inspiration musicale, où la trouverons-
nous ?

LE WAGNÉRISTE. — Elle naîtra du sujet,
pareille à lui, — profondément française,
si le sujet est français. D'ailleurs, elle est
en vous, et autour de vous ! Écoutez : est-
ce qu'on ne chante plus dans les campagnes
et dans les bois ? Est-ce que la chanson populaire est morte ? Poursuivez-la, non pas
dans les recueils où elle est trop souvent
défigurée, mais sous le toit des chaumières,
au foyer des aïeux. Là vous la surpren-
drez, souriante ou pleurante, histoire de
guerre ou légende d'amour, refrain d'atelier ou ronde que l'on chante en dan-
sant dans la cour des fermes ; et, toujours
ingénue, poignante parfois, elle vous ré-
vélera l'essence même de notre musique
nationale.

LE PRIX DE ROME. — Comment, Monsieur, la musique, en France, ne doit pas être autre chose que : « J'ai un grand voyage à faire, » ou bien : « Eiho ! Eiho ! les agneaux vont aux plaines ? »

LE WAGNÉRISTE. — On voit que vous aimez à rire. Qui vous parle de restreindre tout un art admirable à une chanson de petite fille ? Mais, dans ces thèmes naïfs, au rythme jamais banal, que chantèrent, enfants, les mères de nos ancêtres, recherchez patiemment et sachez découvrir la *qualité* primitive de *notre* mélodie, et, par votre inspiration, par votre labeur personnel, développez jusqu'à une parfaite manifestation artistique, l'âme musicale, inconsciente, de la patrie.

LE PRIX DE ROME. — Il faudrait beaucoup réfléchir là-dessus...

LE WAGNÉRISTE. — Et vous n'avez pas le temps ?

LE PRIX DE ROME. — D'ailleurs, la nature du sujet et celle de la musique ne constituent pas tout le drame. Il y a la mise en œuvre de la matière poétique et musicale, et ce point de la question ne manque pas d'importance. Quelle forme affectera l'ouvrage ? Nous en tiendrons-nous à l'opéra des maîtres français, ce qui, selon vos idées, serait assez logique, ou bien par des concessions à l'esprit étranger, adopterons-nous les modes italiennes ou les modes allemandes ?

LE WAGNÉRISTE. — Si vous tenez compte de leur temps, les maîtres français, Rameau, Méhul, Hérold, étaient dans le vrai. Mais, après eux, le désir d'œuvres plus vastes et plus puissantes s'est victoricusement imposé, et leur cadre théâtral serait brisé par le drame que nous rêvons.

LE PRIX DE ROME. — Je l'admets. En ce cas, que faire?

LE WAGNÉRISTE. — Adopter simplement le système dramatique de Richard Wagner.

LE PRIX DE ROME. — Ah! ah! je pensais bien que vous en reviendriez là. Après avoir affirmé qu'il ne fallait pas imiter le novateur allemand, voici que vous le proposez en exemple! Vous êtes, ce me semble, quelque peu en contradiction avec vous-même.

LE WAGNÉRISTE. — Pas le moins du monde. Gardez-vous d'imiter, ai-je dit, tout ce qui, dans l'œuvre de Richard Wagner, constitue la spécialité de sa race et l'originalité de sa nature ; ne tentez jamais des sujets analogues aux siens, ne lui empruntez ni la couleur, ni la qualité de sa mélodie, et gardez-vous de lui dérober, en ce qu'elles ont de créé par lui, ses harmonies et son instrumentation. En un mot, ne tentez jamais de vous assimiler son double génie poétique et musical ! Mais, en même temps que Richard Wagner poète-musicien, qu'il faut laisser seul, il y a Richard Wagner écrivain esthétique, dont les théories universellement applicables peuvent être acceptées par tous. L'auteur d'*Opéra et Drame* a découvert une Amérique dans l'art dramatique musical ; et ce n'est pas imiter Christophe Colomb que de faire un voyage à New-York.

LE PRIX DE ROME. — Je crois vous entendre. Le drame musical en France serait une œuvre où l'inspiration française, profondément française, se développerait selon des lois empruntées au système wagnérien ?

LE WAGNÉRISTE. — Vous l'avez dit, monsieur, et je ne prévois pas d'objection qui me ferait changer d'avis. Oui, j'en suis persuadé, une gloire aussi grande que légitime, une gloire d'une *espèce* nouvelle, est réservée en France au musicien de génie — car, du génie, il en faut toujours un peu — qui, le premier, s'étant profondément imprégné de la double atmosphère musicale et poétique éparse dans nos légendes et dans nos chansons, et, le premier aussi, ayant accepté de la théorie wagnérienne tout ce qu'elle a de compatible avec l'esprit de notre race, réussira enfin, seul ou aidé par

un poète, à délivrer notre opéra des en-
traves anciennes, ridicules ou démodées.
Qu'il unisse intimement la poésie et la musique, non pour les faire briller l'une par
l'autre, mais en vue du drame, en vue du
drame seul ; qu'il repousse sans faiblesse,
poète, tous les agréments littéraires, musicien, toutes les beautés vocales ou sympho-
niques qui seraient de nature à interrompre
l'émotion tragique ; qu'il renonce aux réci-
tatifs, aux ariettes, aux strettes, aux en-
sembles même, à moins que le drame, à qui
tout doit être sacrifié, n'exige l'union des
voix diverses ; qu'il rompe le cadre de l'antique mélodie carrée ; que sa mélodie, sans
se germaniser, se prolonge infiniment selon
le rythme poétique ; que sa musique, en un
mot, devienne la parole, mais une parole
qui soit la musique pourtant ; et, surtout,

25

que l'orchestre, mêlant, développant, par
toutes les ressources de la science et de
l'inspiration, les thèmes représentatifs des
passions et des caractères, soit comme une
grande cuve où l'on entendra bouillir tous
les éléments du drame en fusion, pendant
qu'enveloppée de l'atmosphère tragique
qui en émane, l'action héroïque et hautaine, complexe, mais logiquement issue
d'une seule idée, se hâtera parmi les passions violentes, et les incidents inatten-
dus, et les sourires, et les pleurs, vers
quelque grande émotion finale ! — Celui
qui réalisera une telle œuvre sera grand,
et nous l'aimerons ; car tout en emprun-
tant à l'Allemagne des formes qu'il aura
d'ailleurs modifiées, il sera demeuré Français par l'inspiration. Au grand nom de
Richard Wagner, célébré par les Alle-

mands, nous opposerons glorieusement le sien, ce nom que nul ne connaît encore, mais que nous entendrons bientôt au milieu des applaudissements et des cris de bienvenue.

FIN

TABLE

—

Tours. — Imp. E. Mazereau.